아이와 함께 연필로 하는 수학 보드게임

연산 문제 하나 더 빨리 푸는 것보다 골똘히 두뇌 회전 한 번 하는 건 어떤가요?

나의 전략도 중요하지만 상대방의 생각을 추측하는 것은 또 다른 두뇌 회전의 놀이 묘미가 아닐까요?

수학적 사고력의 깊이는 유연하고 다양한 뜻밖의 생각을 떠올리는 데에서 생기지 않을까요?

아이와 함께 연필로 수학 보드게임을 하면서 수학놀이의 재미를 느껴 보시길 !!!!!

② 차 례

님 게임

▶ 과일 먹기 ······················ 7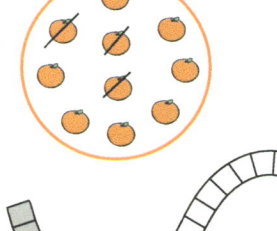

▶ 뱀 종이띠 자르기 ············ 15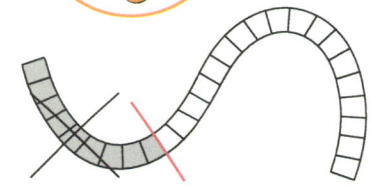

▶ 다섯 만들기 ···················· 19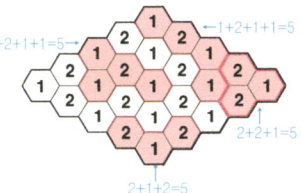

▶ 1, 2, 3 지우기 ················ 27

▶ 마지막 숫자 ···················· 31

▶ 487원 만들기 ·················· 37

채우기

▶ 도미노 덮기 ········· 43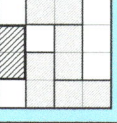

▶ 펜토미노 덮기 ········· 53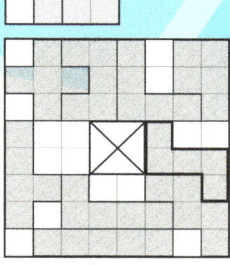

▶ 마름모 도미노 덮기 ········· 61

▶ 꼭짓점 잇기 ········· 65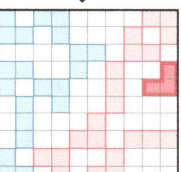

▶ 헥시아몬드 덮기 ········· 71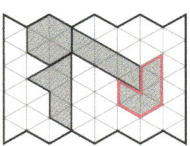

▶ 트리아몬드 놀이 ········· 79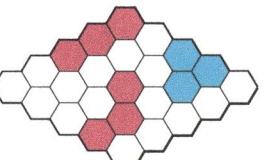

▶ 십자블록 깔기 ········· 85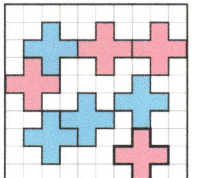

▶ 트리오미노 덮기 ········· 89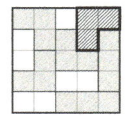

채우기

▶ 테트로미노 덮기············93

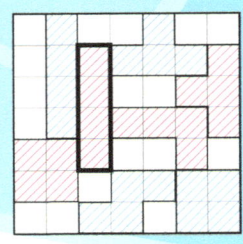

▶ 정육면체 전개도 덮기··· 99

▶ 같은 모양 찾기············105

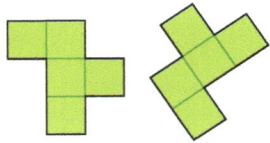

평면 나누기

▶ 삼각형 나누기············115

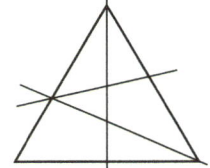

▶ 동그라미 나누기·········121

▶ 교차점 만들기············129

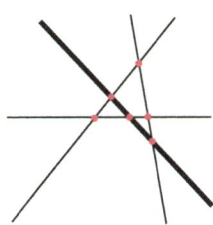

님 게임

- ▶ 과일 먹기
- ▶ 뱀 종이띠 자르기
- ▶ 다섯 만들기
- ▶ 1, 2, 3 지우기
- ▶ 마지막 숫자
- ▶ 487원 만들기

1 2 3 4 5 6 7 8 9 10
11 12 13 14 15 16 17 18 19 20

100원
10원
1원

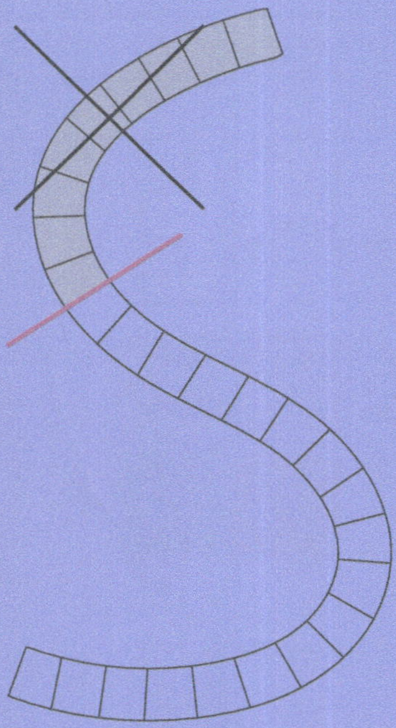

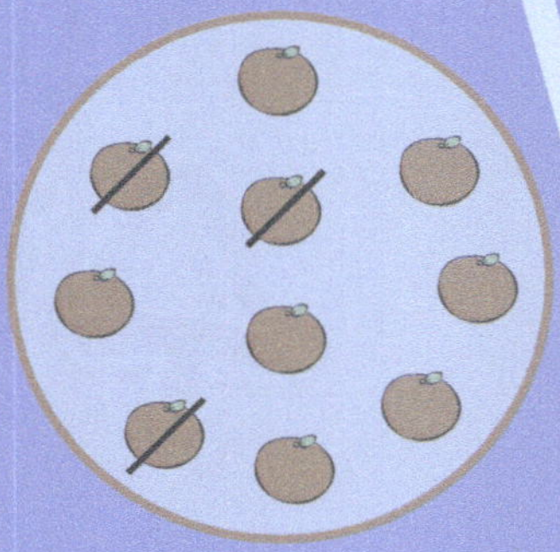

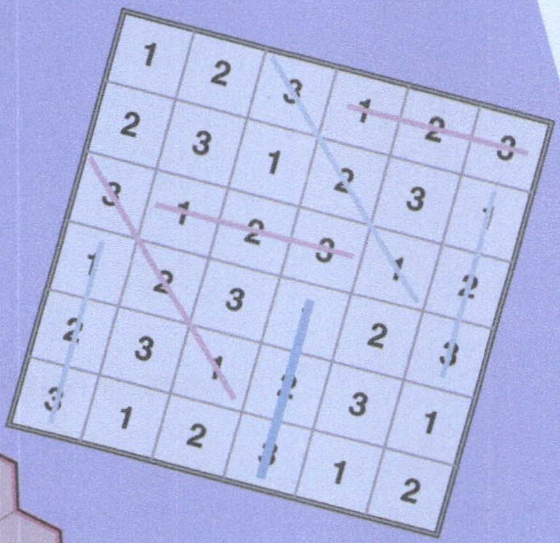

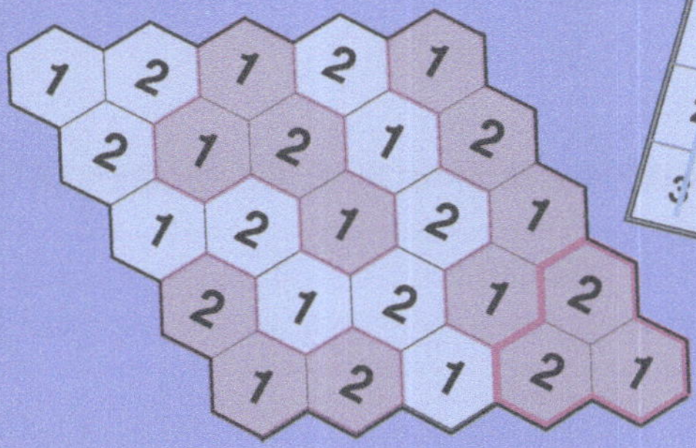

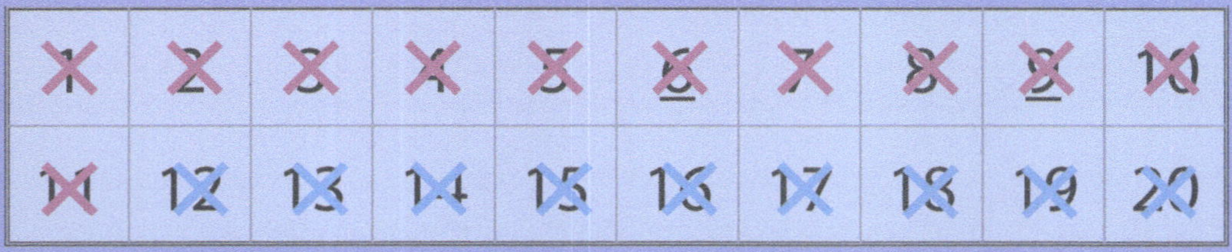

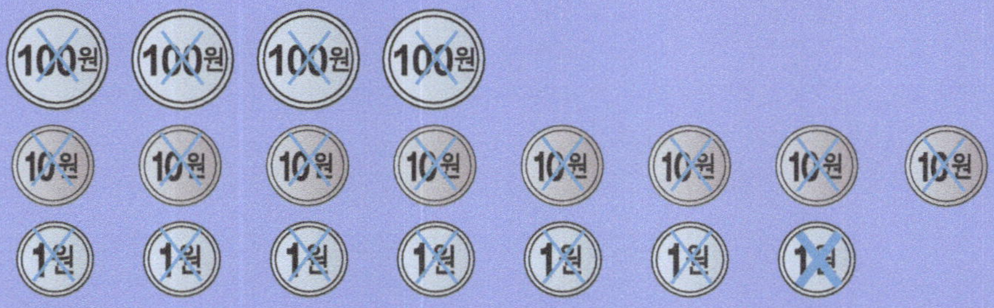

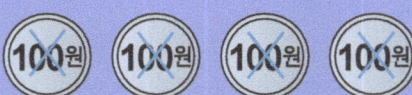

과일 먹기

놀이목표
상대방이 마지막에 과일을 지우게 하는 게임이다.

놀이방법

1. 서로 번갈아가며 과일을 지운다.
2. 과일은 한 번에 한 개에서 세 개까지 지울 수 있다. 단, 지울 때는 반드시 서로 같은 과일끼리 지워야 한다.
   예) 세개를 지울 경우

  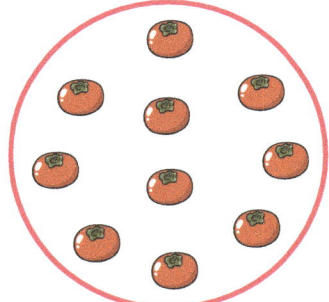

3. 마지막 과일을 지우는 사람이 지게 된다.

Tip
님 게임의 또다른 변형 게임이다.
하나로 된 그룹에서 하는 님게임보다 한단계 발전된 게임이다.

과일 먹기

놀이규칙

1. 한 개를 지울 경우

2. 두 개를 지울 경우 (같은 묶음에서만 지울 수 있다.)

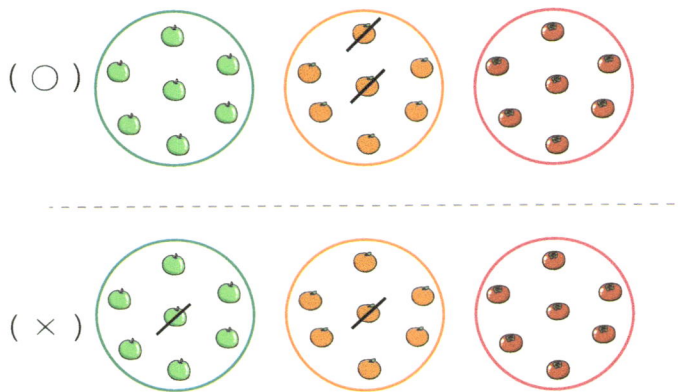

3. 세 개를 지울 경우 (같은 묶음에서만 지울 수 있다.)

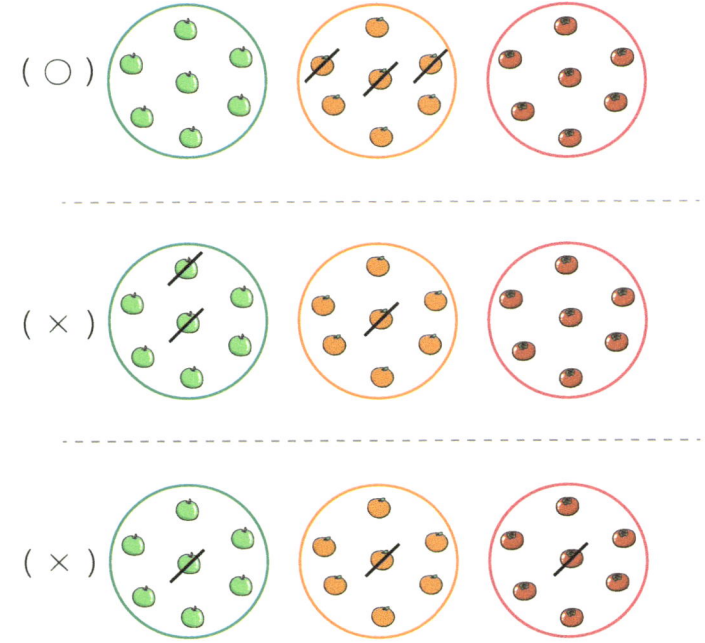

과일 먹기

놀이진행

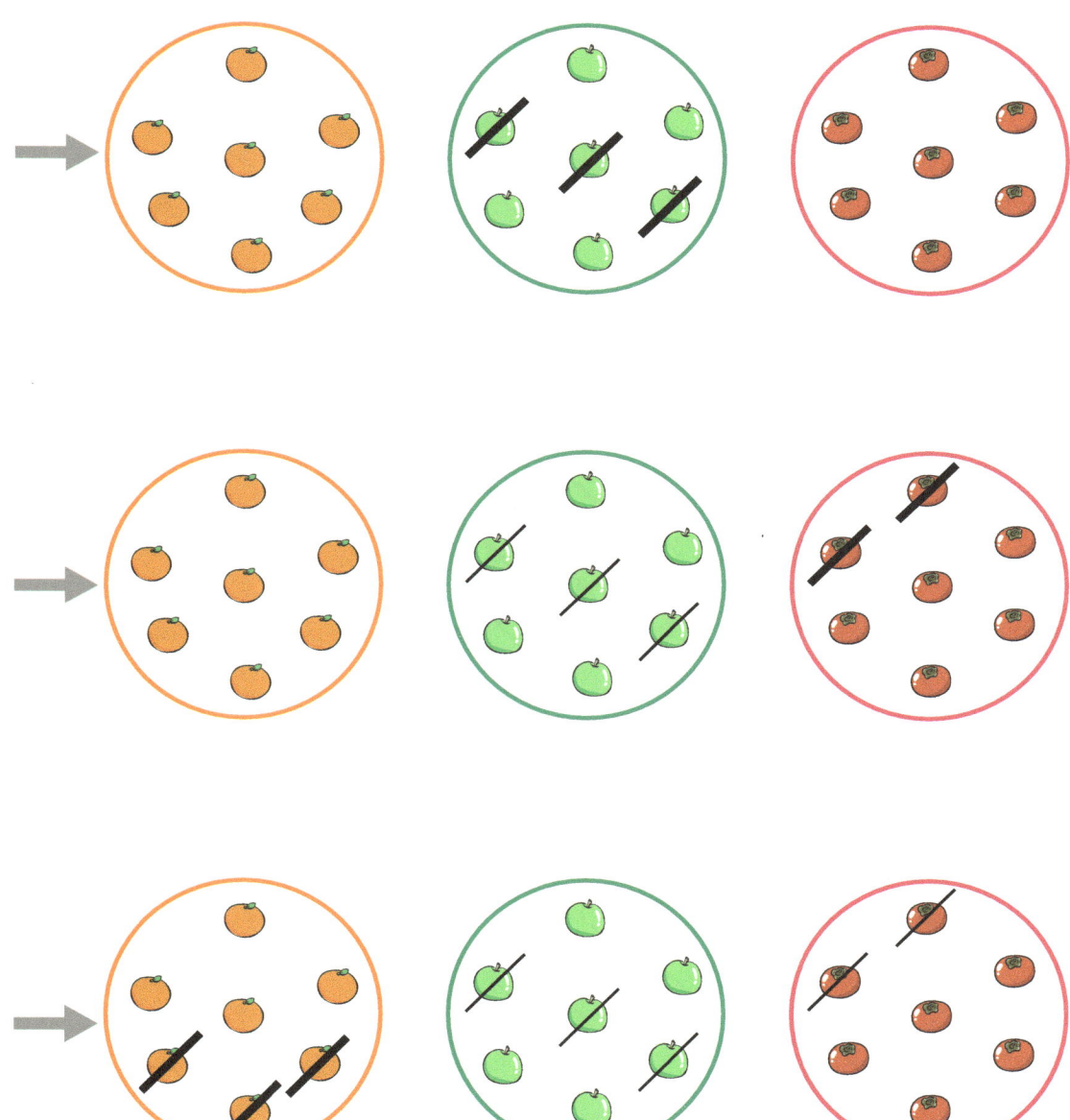

과일 먹기

놀이진행

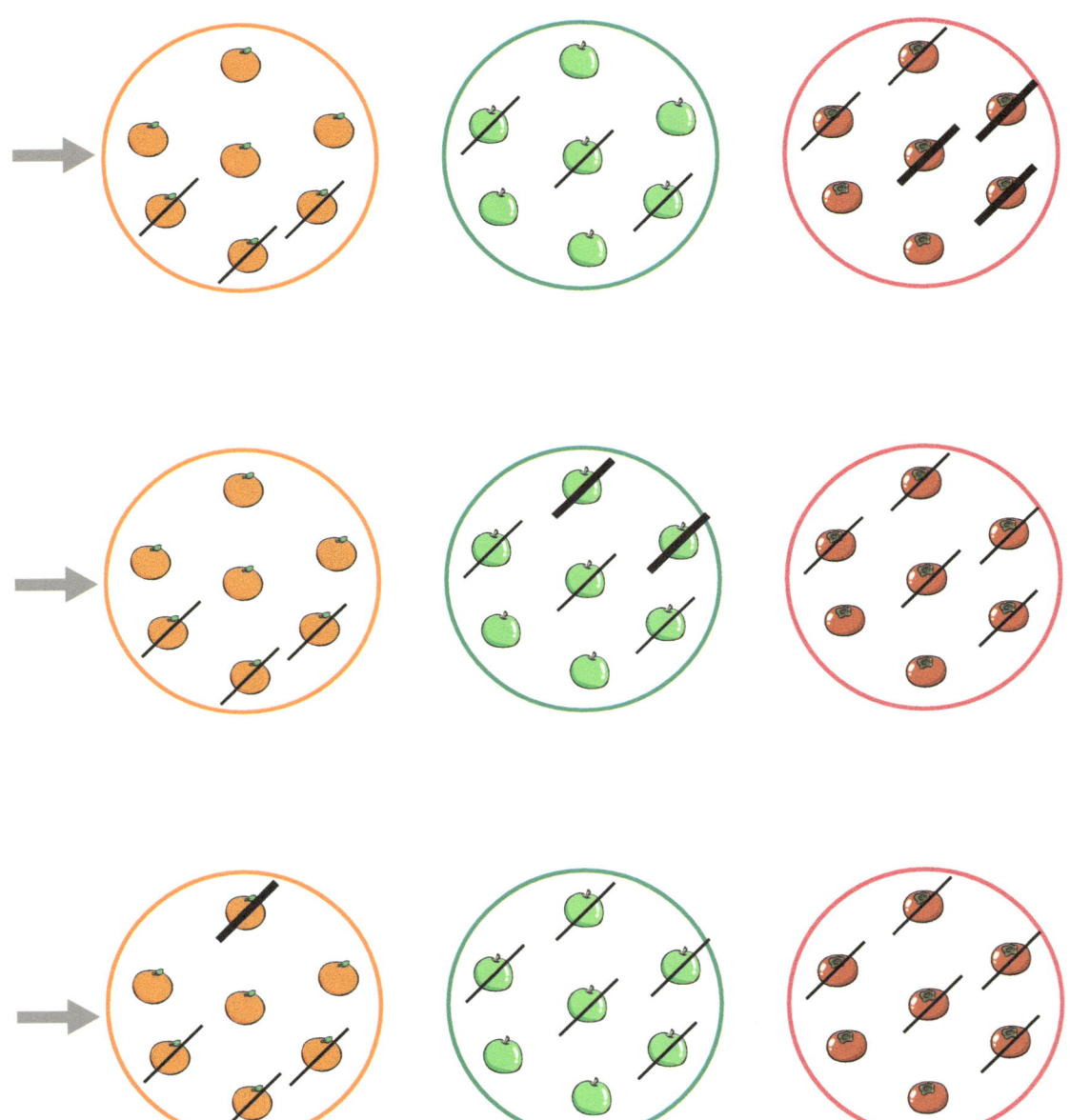

과일 먹기

놀이진행

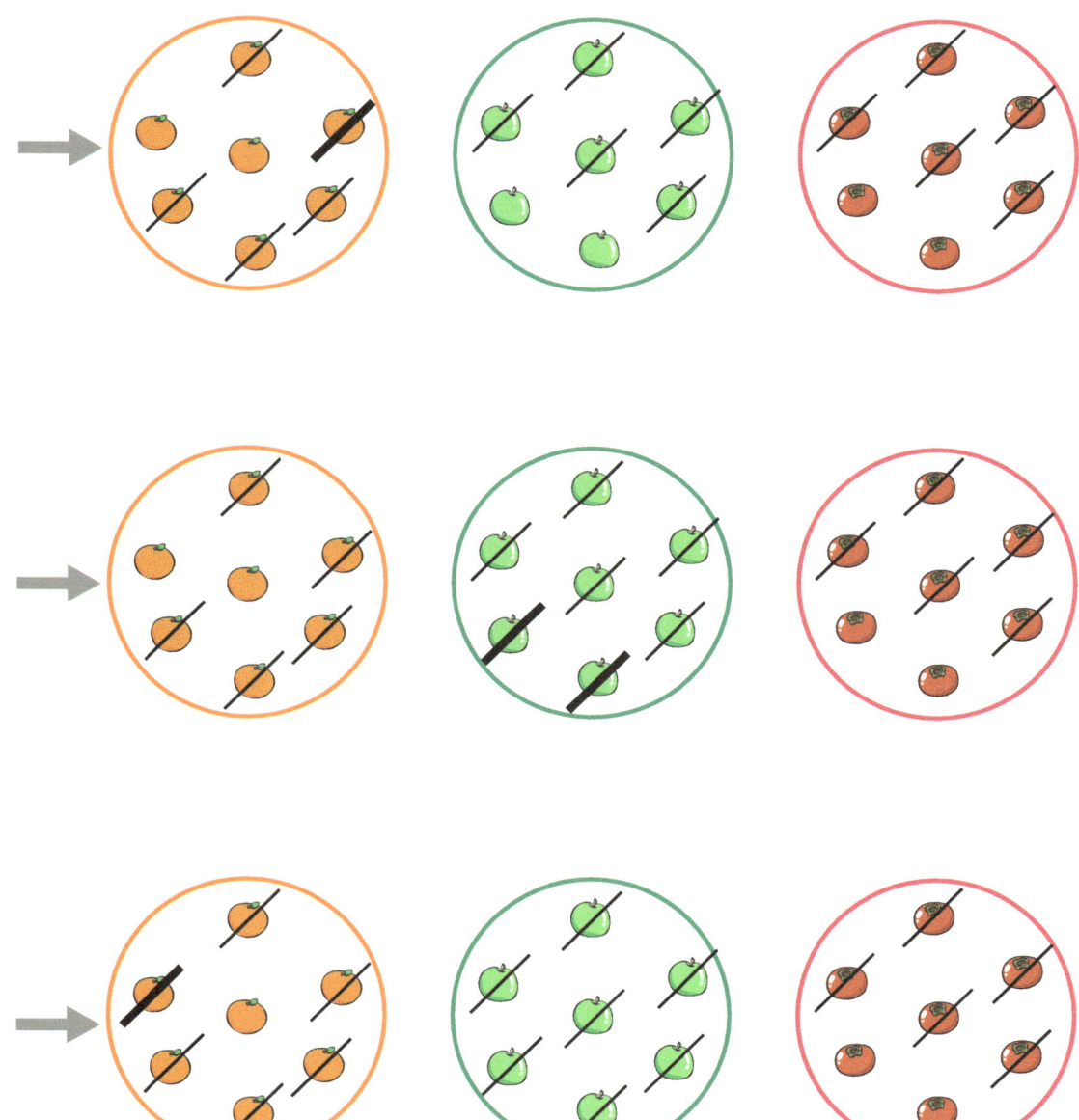

과일 먹기

놀이진행

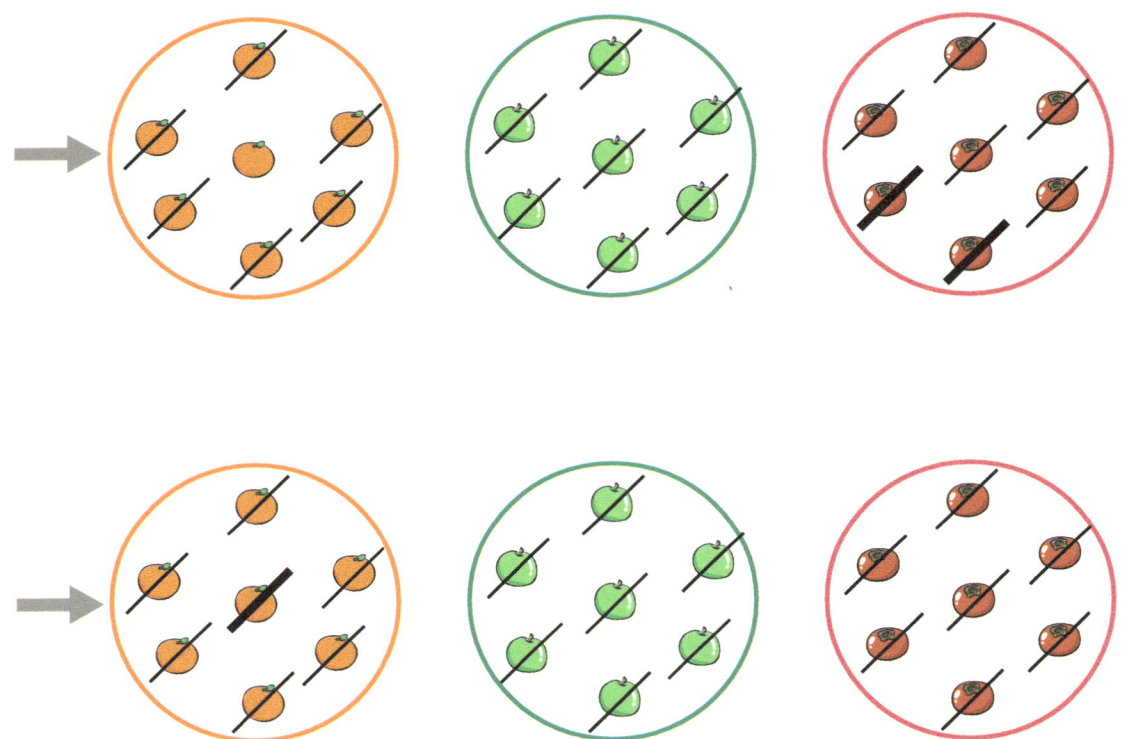

마지막 과일을 지운 사람이 지게 된다.

과일 먹기.1

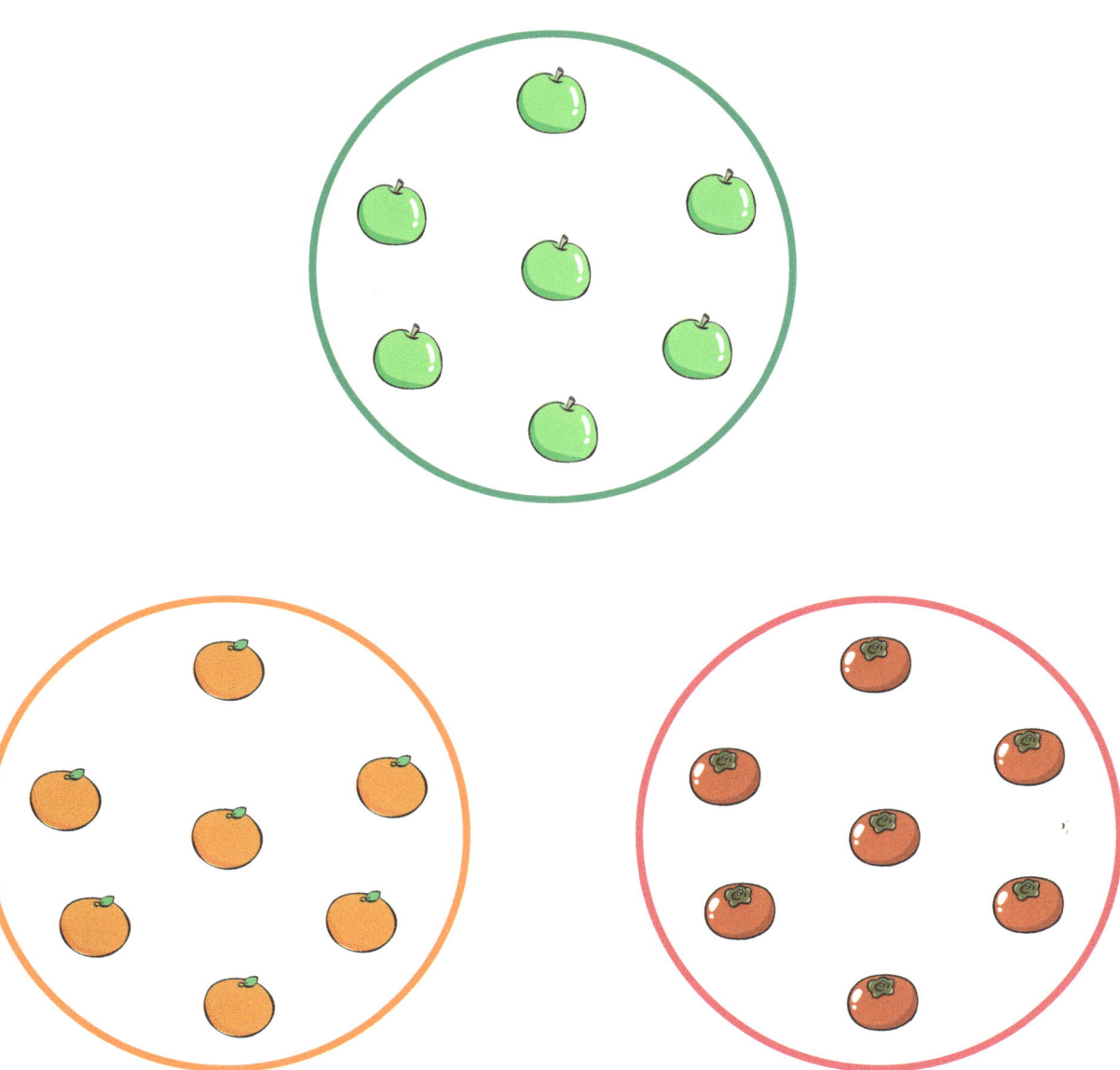

과일 먹기.2

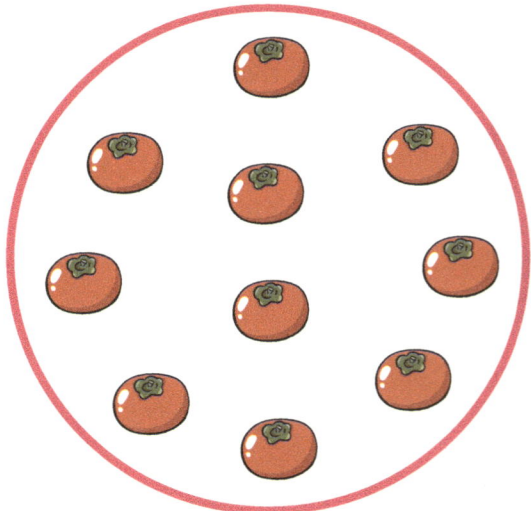

뱀 종이띠 자르기

놀이목표

종이띠를 잘라 마지막 종이띠를 차지하는 게임이다.

놀이방법

1. 번갈아가며 종이띠에 그려진 선 부분을 자른다.
2. 자른 것 중 짧은 부분을 버린다.(버린 부분은 크게 X표를 친다.)

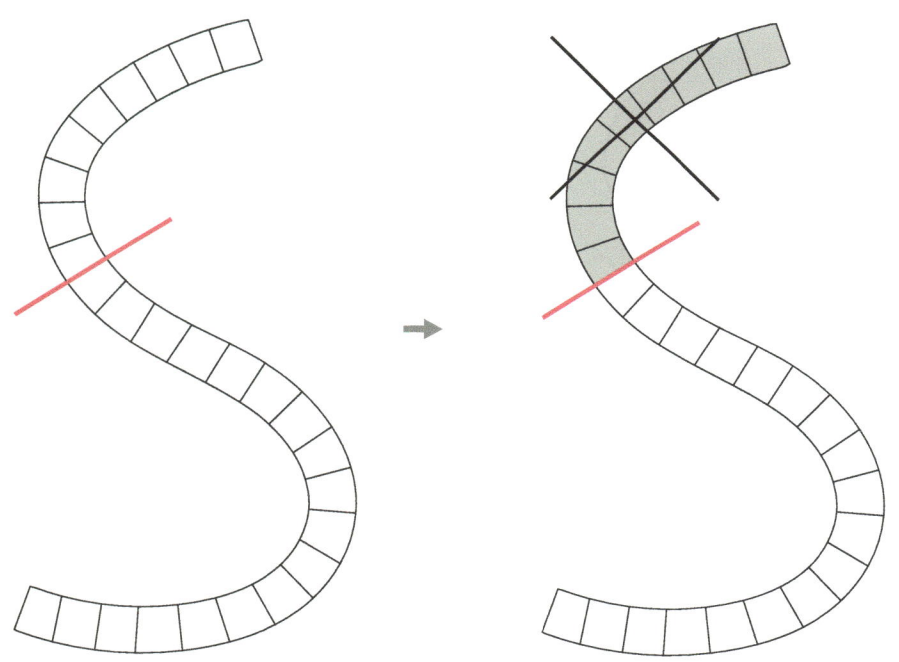

3. 남은 긴 부분 종이띠를 또 자르고 마찬가지로 짧은 부분은 버린다.
4. 같은 방법으로 종이띠를 잘라 마지막 종이띠를 가져가는 사람이 이기게 된다.

Tip

실제로 종이띠를 가위로 자르면서 하면 더 스릴있는 게임이 된다.
띠가 줄어들수록 전략을 잘 세워야 이길 수 있다.

뱀 종이띠 자르기

놀이진행

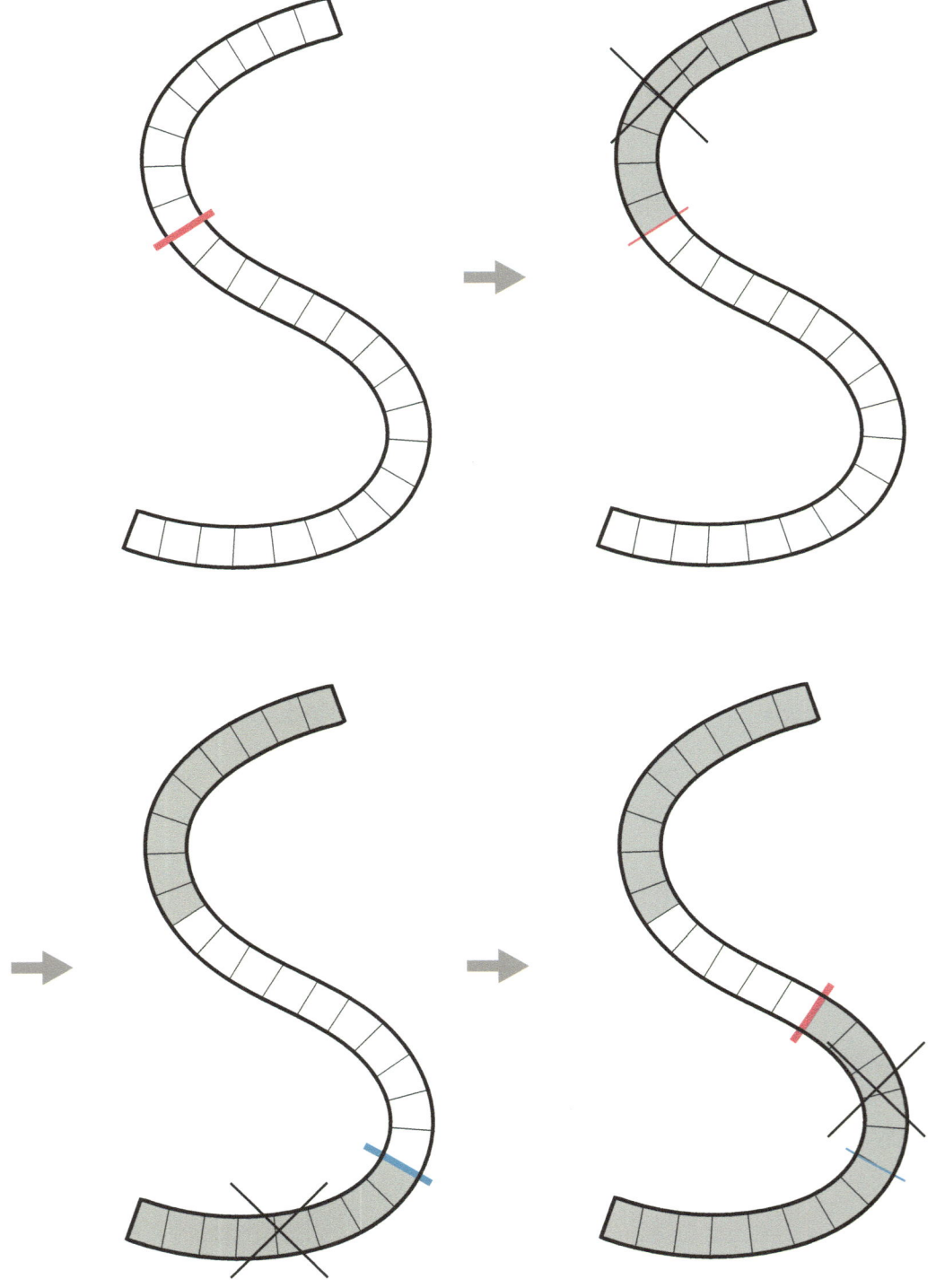

뱀 종이띠 자르기

놀이진행

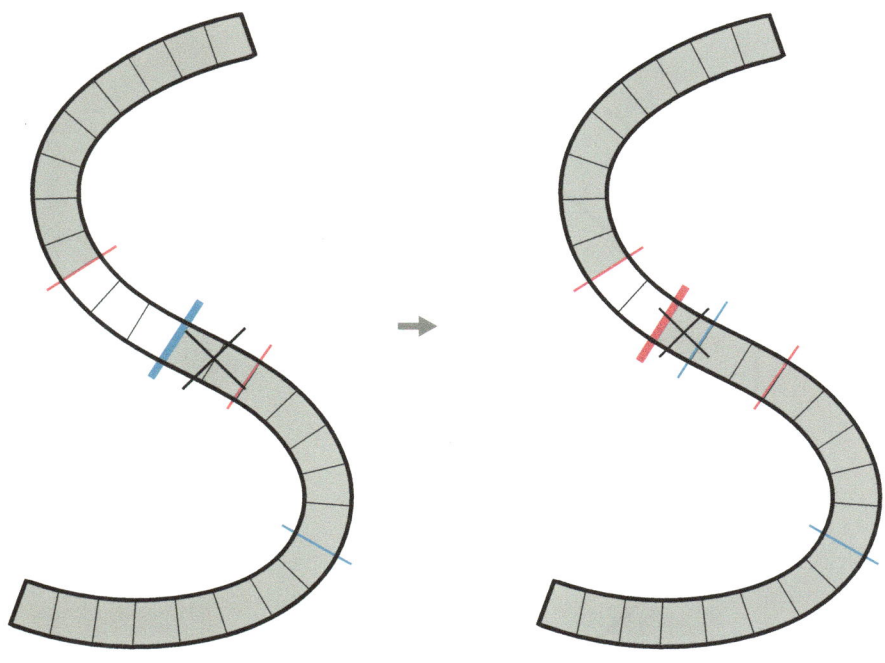

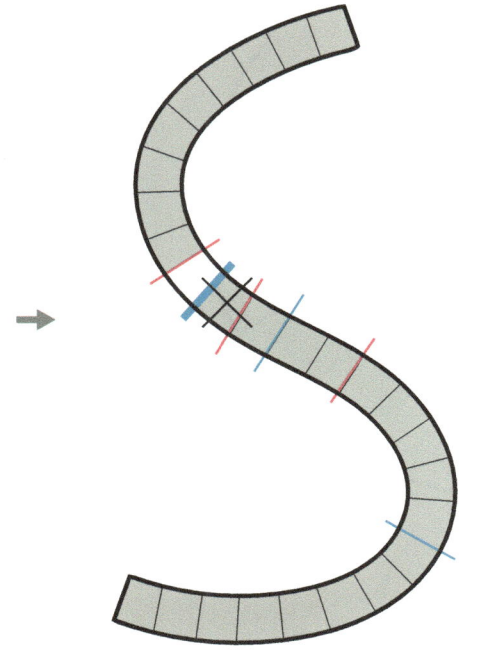

파란색이 남은 두칸을 반으로 잘라 나머지 한칸은 빨간색이 가져가게 되면서 게임이 끝난다.

뱀 종이띠 자르기

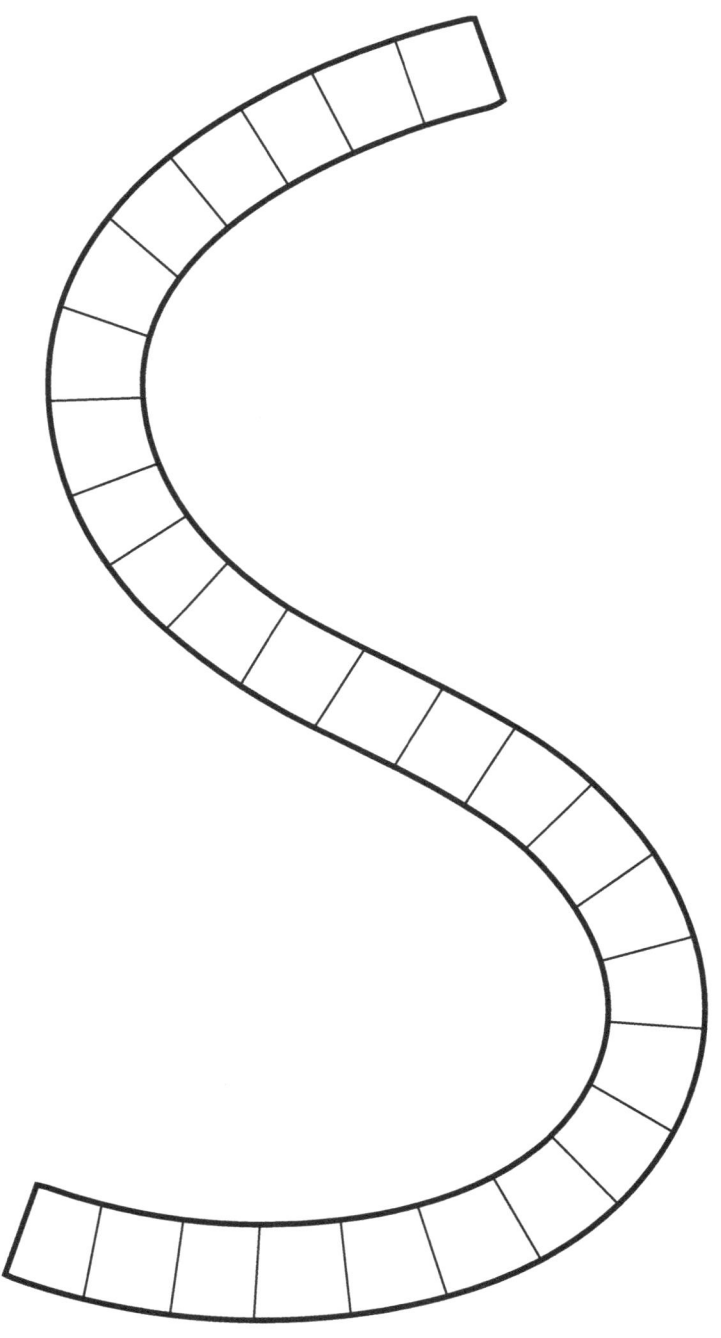

다섯 만들기

놀이목표
숫자를 더해 5를 만들면서 다각형을 만드는 게임이다.

놀이방법
1. 서로 번갈아가며 더해서 5가 되는 다각형을 그린다.
2. 더이상 5가 되는 다각형을 만들지 못하는 사람이 지게 된다.

놀이규칙
1. 더해서 5를 만들면서 다각형이 완성되어야 한다. 다각형 모양은 다양하다.

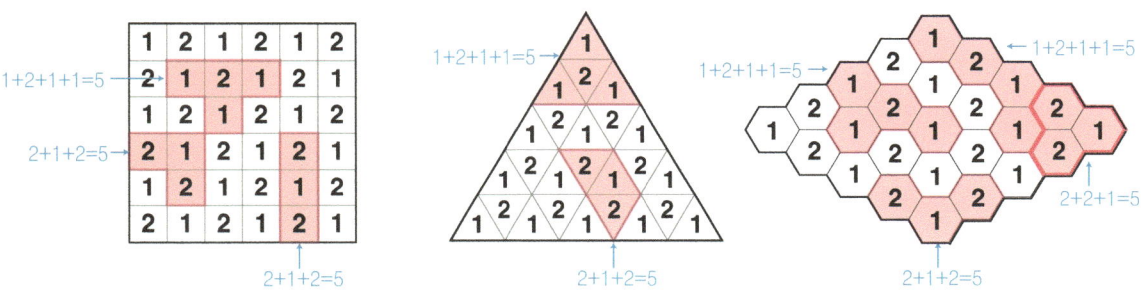

2. 다각형이 떨어지게 5를 만들면 안된다.(꼭짓점끼리 연결되면 안된다.)

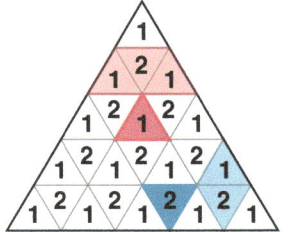

Tip
숫자의 합을 이용하여 다각형을 만들면서 게임의 묘미를 더했다.
4나 6을 만드는 게임도 가능하다.

다섯 만들기

놀이진행 사각형

다섯 만들기

놀이진행 사각형

숫자는 많이 남았지만 다각형을 만들 수 없어 게임이 끝났다.

다섯 만들기

놀이진행 삼각형

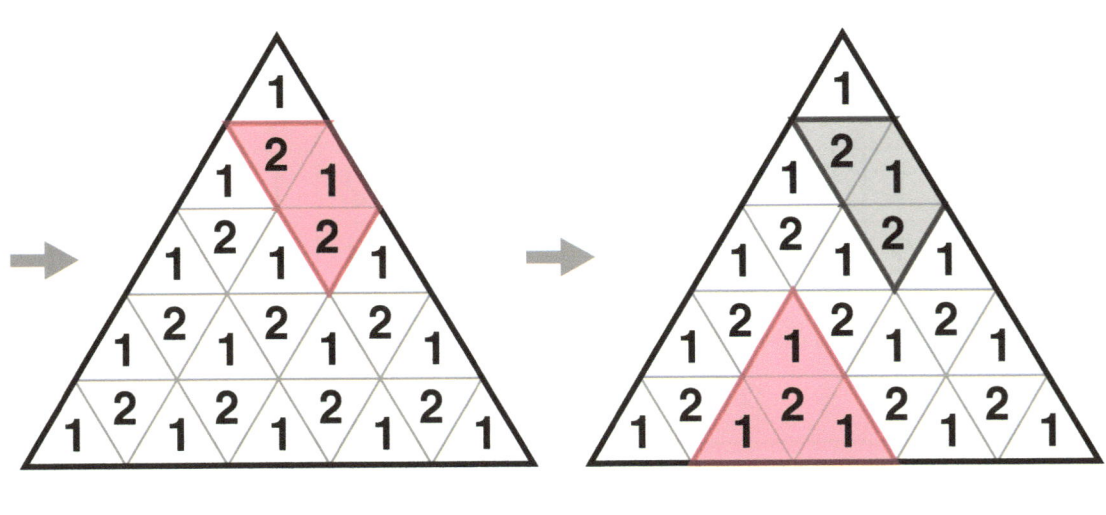

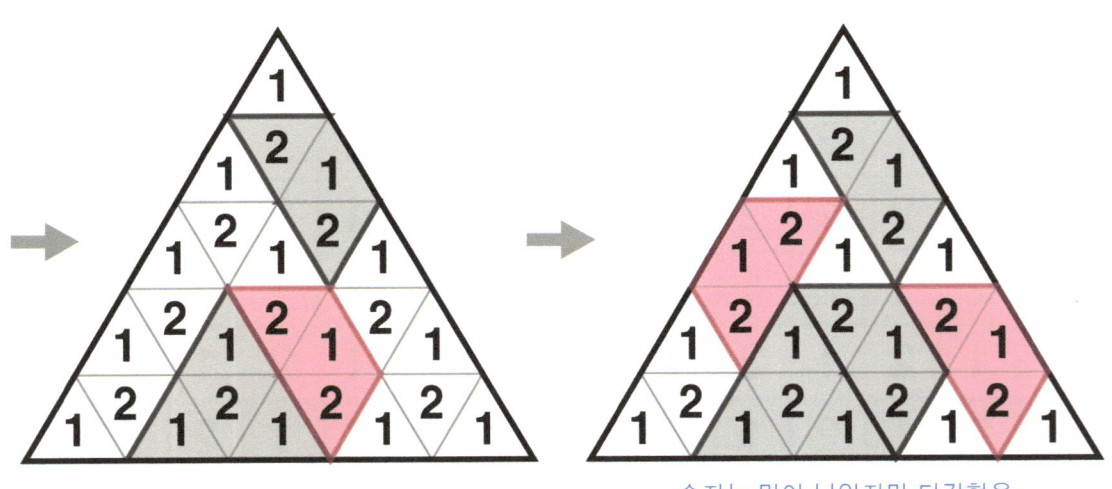

숫자는 많이 남았지만 다각형을 만들 수 없어 게임이 끝났다.

다섯 만들기

놀이진행 육각형

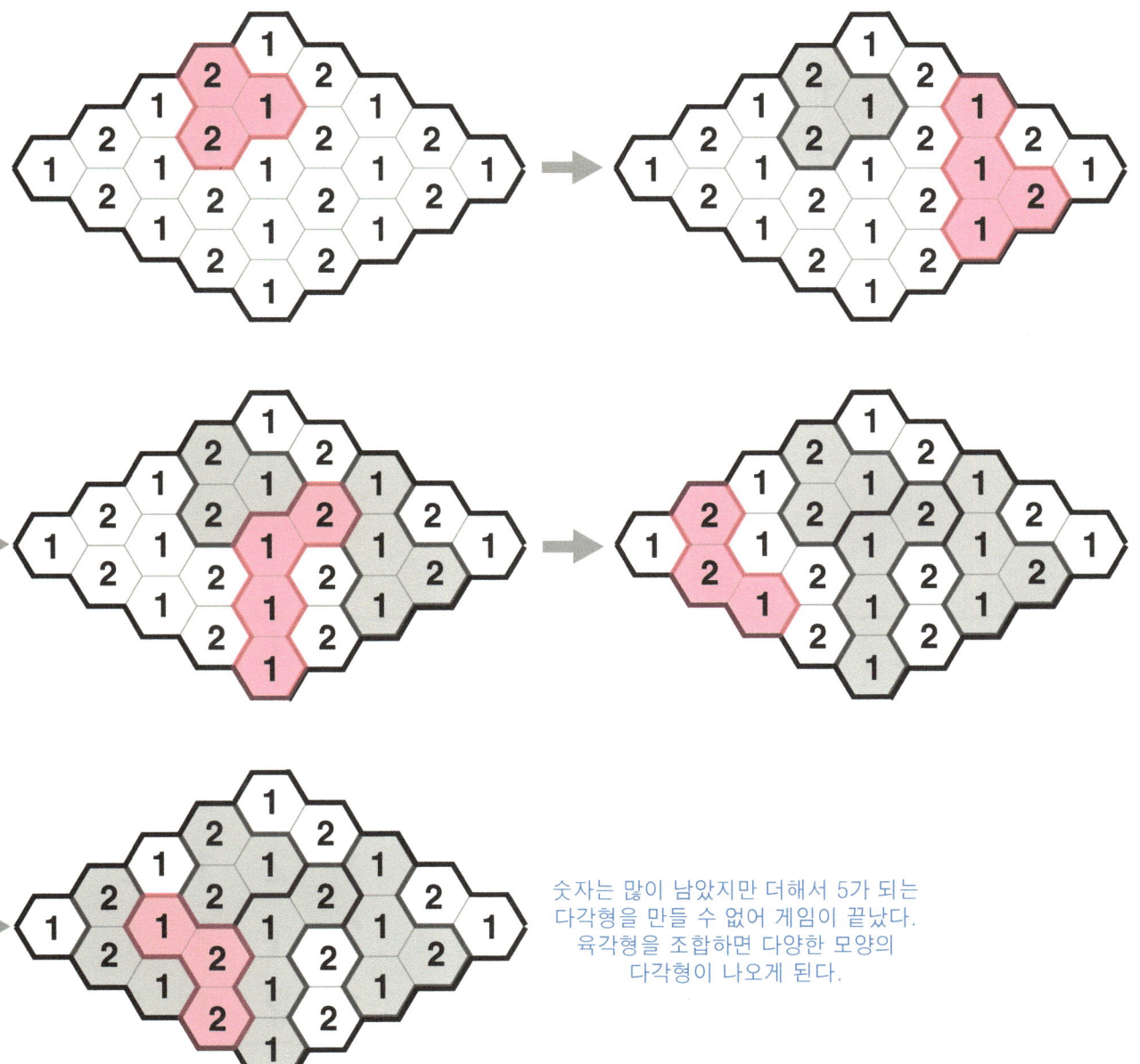

숫자는 많이 남았지만 더해서 5가 되는
다각형을 만들 수 없어 게임이 끝났다.
육각형을 조합하면 다양한 모양의
다각형이 나오게 된다.

다섯 만들기(사각형)

1	2	1	2	1	2
2	1	2	1	2	1
1	2	1	2	1	2
2	1	2	1	2	1
1	2	1	2	1	2
2	1	2	1	2	1

1	2	1	2	1	2
2	1	2	1	2	1
1	2	1	2	1	2
2	1	2	1	2	1
1	2	1	2	1	2
2	1	2	1	2	1

1	2	1	2	1	2
2	1	2	1	2	1
1	2	1	2	1	2
2	1	2	1	2	1
1	2	1	2	1	2
2	1	2	1	2	1

1	2	1	2	1	2
2	1	2	1	2	1
1	2	1	2	1	2
2	1	2	1	2	1
1	2	1	2	1	2
2	1	2	1	2	1

다섯 만들기(삼각형)

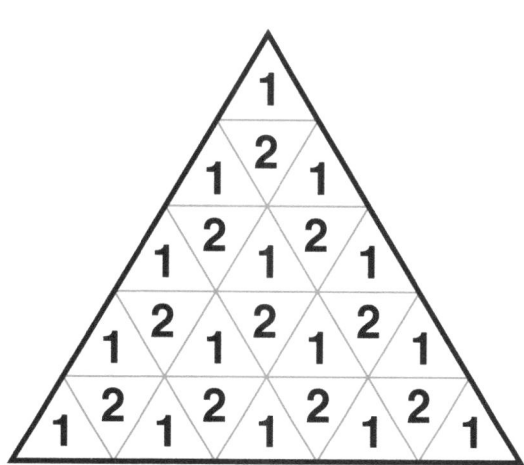
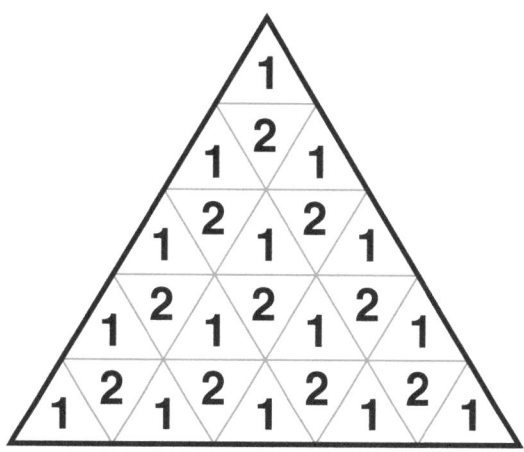
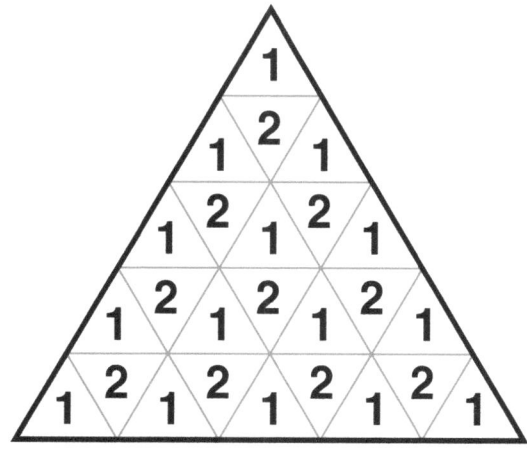
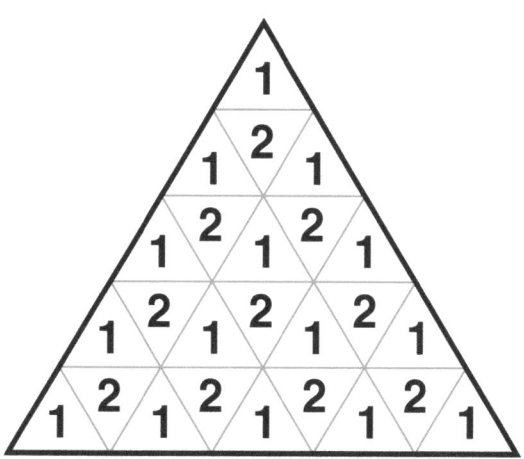

다섯 만들기(육각형)

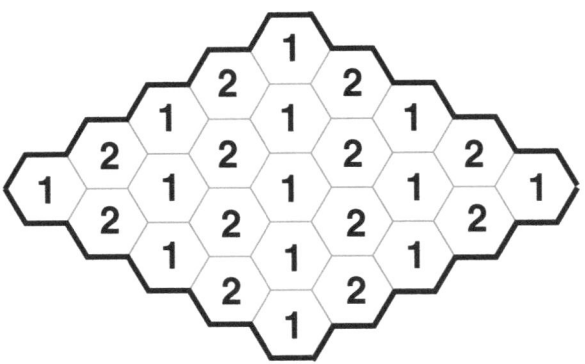
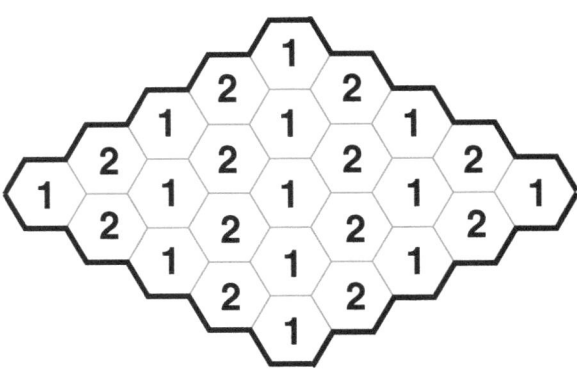
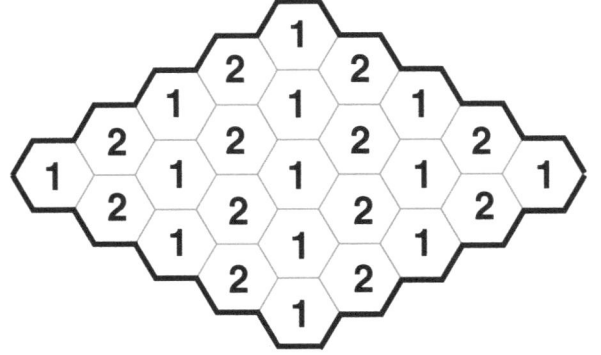
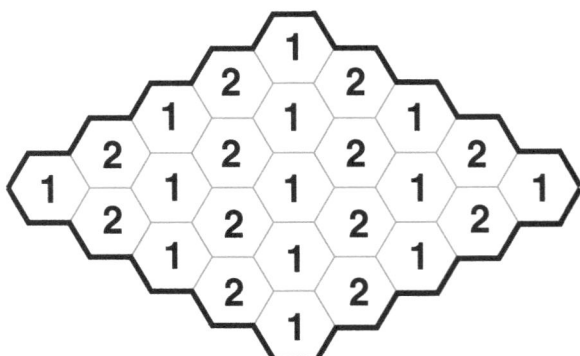

1 2 3 지우기

놀이목표

숫자 1, 2, 3이 직선이 되도록 지우는 게임이다.

놀이방법

1. 서로 번갈아가며 숫자 1, 2, 3이 직선이 되도록 지운다.
2. 숫자는 1, 2, 3이나 3, 2, 1처럼 순서대로 나열되면 지울 수 있다.
3. 가로, 세로, 대각선 어느 방향으로 지워도 된다.

4. 더 많은 직선을 그린 사람이 이기게 된다.

Tip

격자판 위에 단순히 직선을 긋는 것이 아니라 숫자를 찾아 순서에 맞게 선을 그리는 게임이다.

1 2 3 지우기

놀이진행

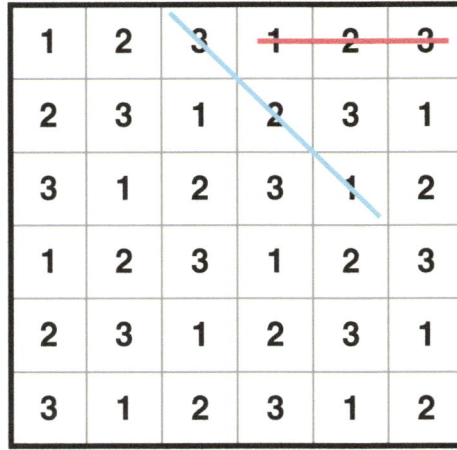

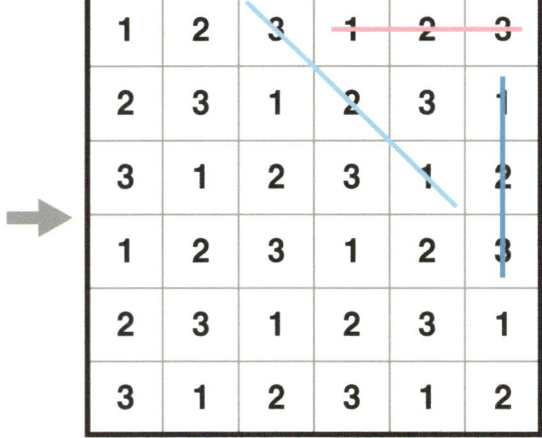

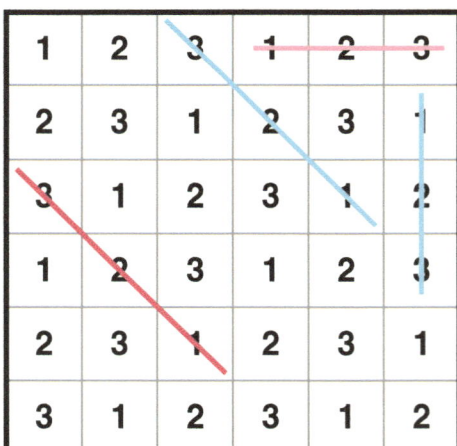

1 2 3 지우기

놀이진행

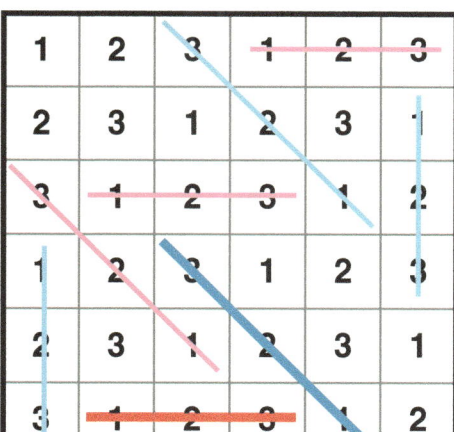

위처럼 파란 대각선으로 321을 지우면 빨간선처럼 123을 또 지울 수 있어서 비기게 된다.

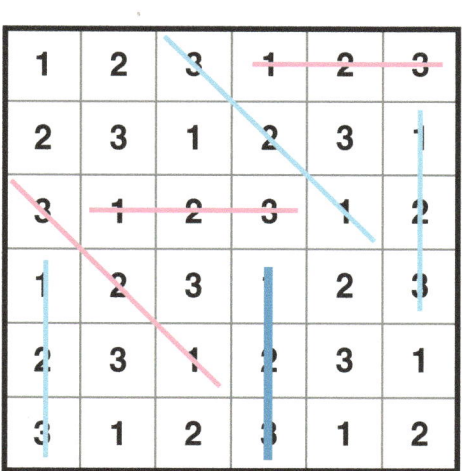

위처럼 파란색 세로선으로 123을 지우면 더이상 지울 곳이 없어 파란색이 이기게 된다.

123 지우기

1	2	3	1	2	3
2	3	1	2	3	1
3	1	2	3	1	2
1	2	3	1	2	3
2	3	1	2	3	1
3	1	2	3	1	2

마지막 숫자

놀이목표

놀이판의 숫자를 지워 나가면서 마지막 숫자를 지우지 않도록 하는 게임이다.

놀이방법

1. 번갈아가며 한사람은 1부터, 다른 한사람은 끝숫자부터 거꾸로 숫자를 지워 나간다.

✗	2	3	4	5	6	7	8	9	10
11	12	13	14	15	16	17	18	19	20
21	22	23	24	25	26	27	28	29	✗

2. 숫자는 한 번에 한 개에서 세 개까지 지울 수 있다.

3. 숫자를 지워 나가다 가운데 쯤에서 둘이 마주칠 때 마지막 숫자를 지우게 되는 사람이 지는 게임이다.

Tip

님 게임의 변형으로 수의 순서 학습에 도움이 된다.
수는 10, 20, 30, 40....등등 늘려나가도 된다.

마지막 숫자

놀이진행

✗	✗	3	4	5	<u>6</u>	7	8	<u>9</u>	10
11	12	13	14	15	16	17	18	19	20

✗	✗	3	4	5	<u>6</u>	7	8	<u>9</u>	10
11	12	13	14	15	16	17	✗	✗	✗

✗	✗	✗	✗	✗	<u>6</u>	7	8	<u>9</u>	10
11	12	13	14	15	16	17	✗	✗	✗

✗	✗	✗	✗	✗	<u>6</u>	7	8	<u>9</u>	10
11	12	13	14	15	16	✗	✗	✗	✗

마지막 숫자

놀이진행

1	2	3	4	5	6	7	8	9	10
11	12	13	14	15	16	17	18	19	20

1	2	3	4	5	6	7	8	9	10
11	12	13	14	15	16	17	18	19	20

1	2	3	4	5	6	7	8	9	10
11	12	13	14	15	16	17	18	19	20

1	2	3	4	5	6	7	8	9	10
11	12	13	14	15	16	17	18	19	20

마지막 숫자

놀이진행

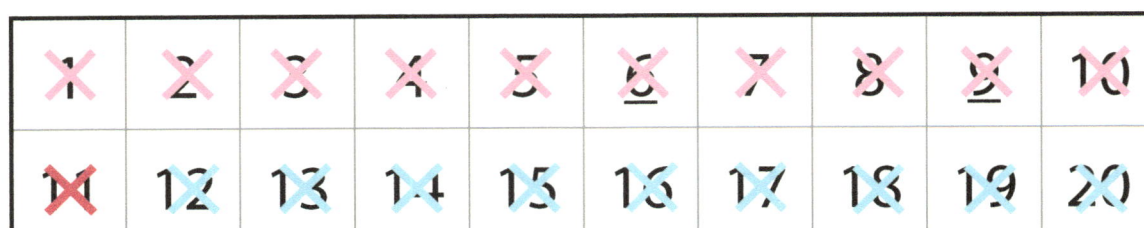

마지막 숫자를 빨간색이 가져가서 파란색이 이겼다.

마지막 숫자.1

1	2	3	4	5	<u>6</u>	7	8	<u>9</u>	10
11	12	13	14	15	16	17	18	19	20

마지막 숫자.2

1	2	3	4	5	<u>6</u>	7	8	<u>9</u>	10
11	12	13	14	15	16	17	18	19	20
21	22	23	24	25	26	27	28	29	30

마지막 숫자.3

1	2	3	4	5	<u>6</u>	7	8	<u>9</u>	10
11	12	13	14	15	16	17	18	19	20
21	22	23	24	25	26	27	28	29	30
31	32	33	34	35	36	37	38	39	40

마지막 숫자.4

1	2	3	4	5	<u>6</u>	7	8	<u>9</u>	10
11	12	13	14	15	16	17	18	19	20
21	22	23	24	25	26	27	28	29	30
31	32	33	34	35	36	37	38	39	40
41	42	43	44	45	46	47	48	49	50

487원 만들기

놀이목표

마지막에 동전 487원을 가져가는 사람이 지는 게임이다.

놀이방법

1. 서로 번갈아가며 동전꾸러미에서 동전을 가져가고 가져간 만큼 X표를 한다.

2. 동전은 한 번에 3개까지 가져갈 수 있다. 단, 동전끼리 섞어서 가져갈 수 없다.
   만일 3개를 가져간다면 100원 3개는 가능하지만 100원 1개, 10원 2개 등 동전을 섞어서는 가져갈 수 없다.

3. 마지막 동전을 가져가는 사람이 지게 된다.

Tip

님 게임의 변형이다.

487원 만들기

놀이진행

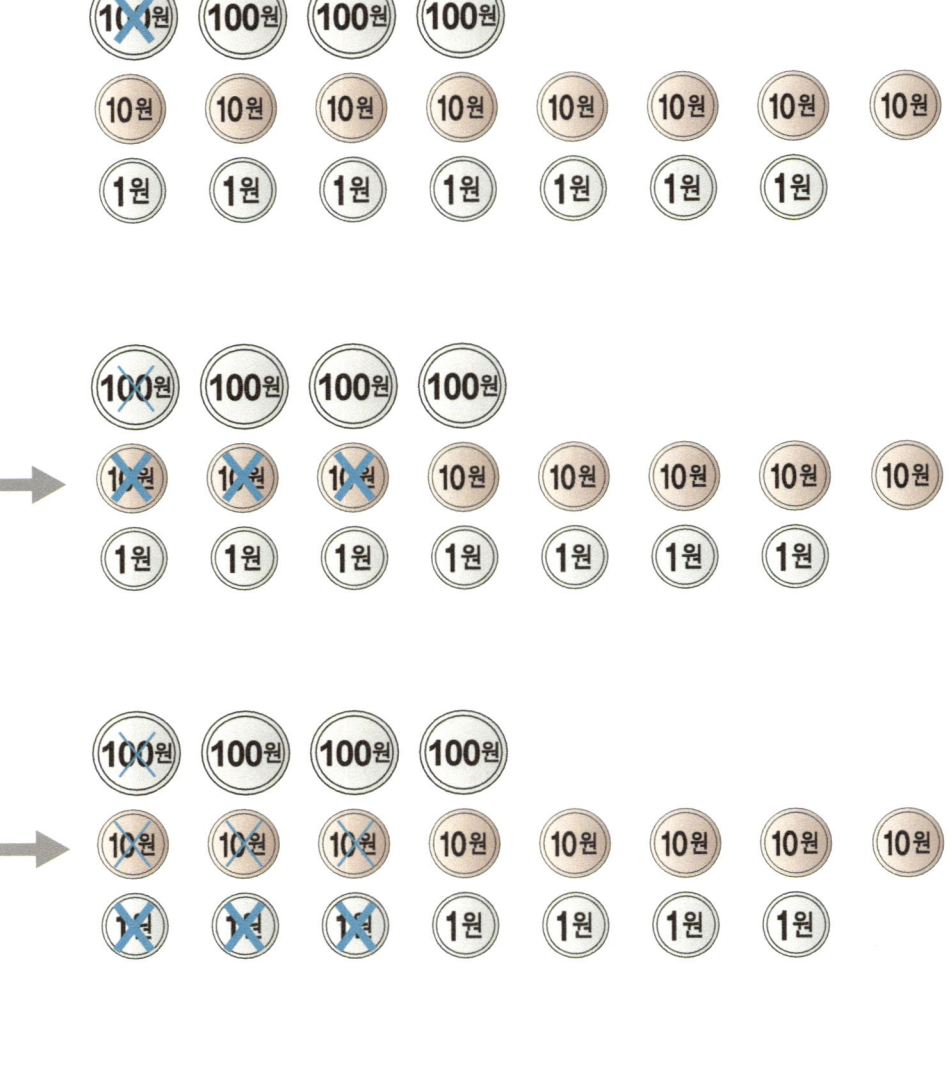

487원 만들기

놀이진행

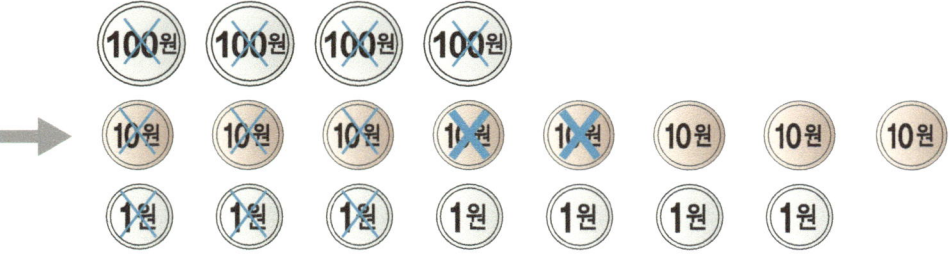

487원 만들기

채우기

- ▶ 도미노 덮기
- ▶ 펜토미노 덮기
- ▶ 마름모 도미노 덮기
- ▶ 꼭짓점 잇기
- ▶ 헥시아몬드 덮기
- ▶ 트리아몬드 놀이
- ▶ 십자블록 깔기
- ▶ 트리오미노 덮기
- ▶ 테트로미노 덮기
- ▶ 정육면체 전개도 덮기
- ▶ 같은 모양 찾기

도미노 덮기

놀이목표
놀이판을 도미노로 채우면서 상대가 더이상 그릴 수 없게 하는 게임이다.

놀이방법

1. 번갈아가며 놀이판에 도미노를 그린다.
2. 한사람은 가로 방향으로만, 다른 한사람은 세로 방향으로만 그린다.

3. 도미노끼리 겹치면 안된다.

4. 더이상 도미노를 그릴 수 없는 사람이 지게 된다.

> **Tip**
> 공간을 채우는 게임이다. 처음에는 4X4 놀이판에서 하다가
> 익숙해지면 6X6 놀이판, 10X10 놀이판 등으로 늘려 갈 수 있다.
> 유아들에게는 공간 지각력을 기르는데 유용한 놀이이다.

도미노 덮기

놀이진행.1 4X4 도미노 덮기

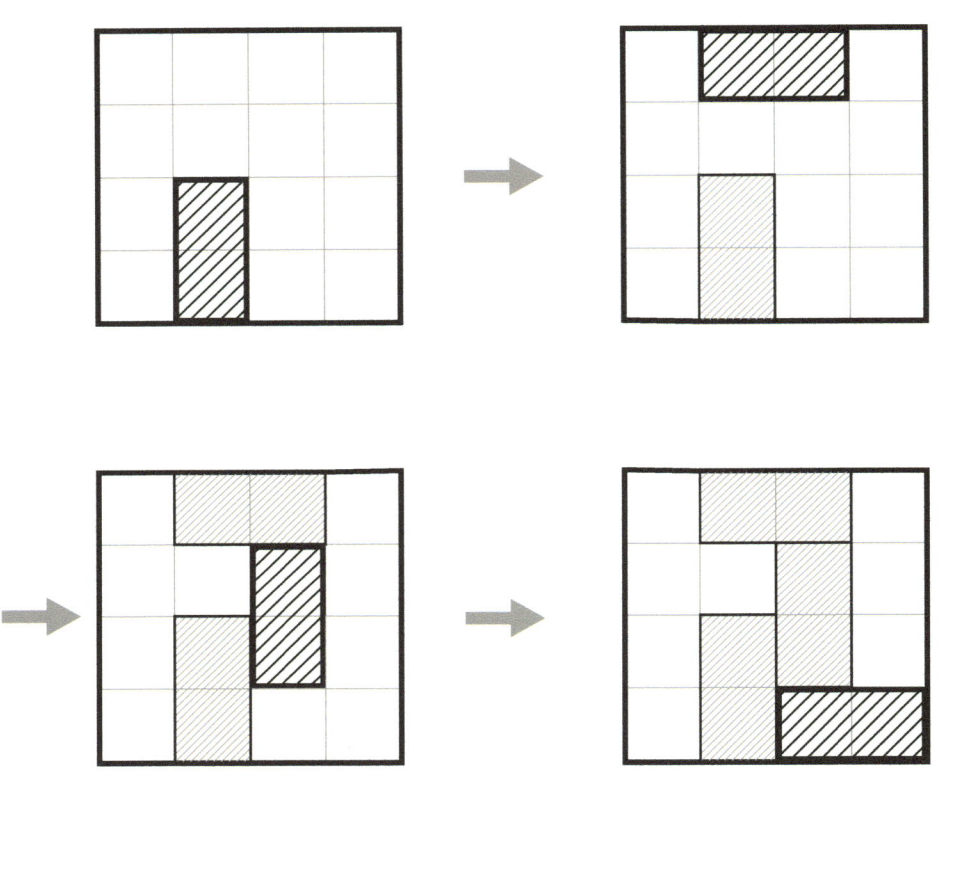

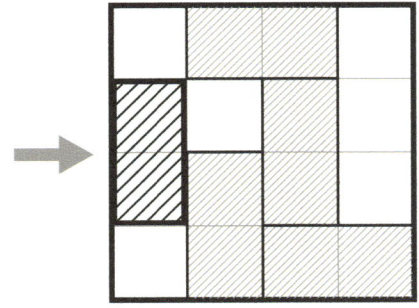

가로를 그릴 차례인데 더이상 가로 방향으로 그릴 공간이 없으므로 가로 방향을 선택한 사람이 졌다.

도미노 덮기

놀이진행.2 6X6 도미노 덮기

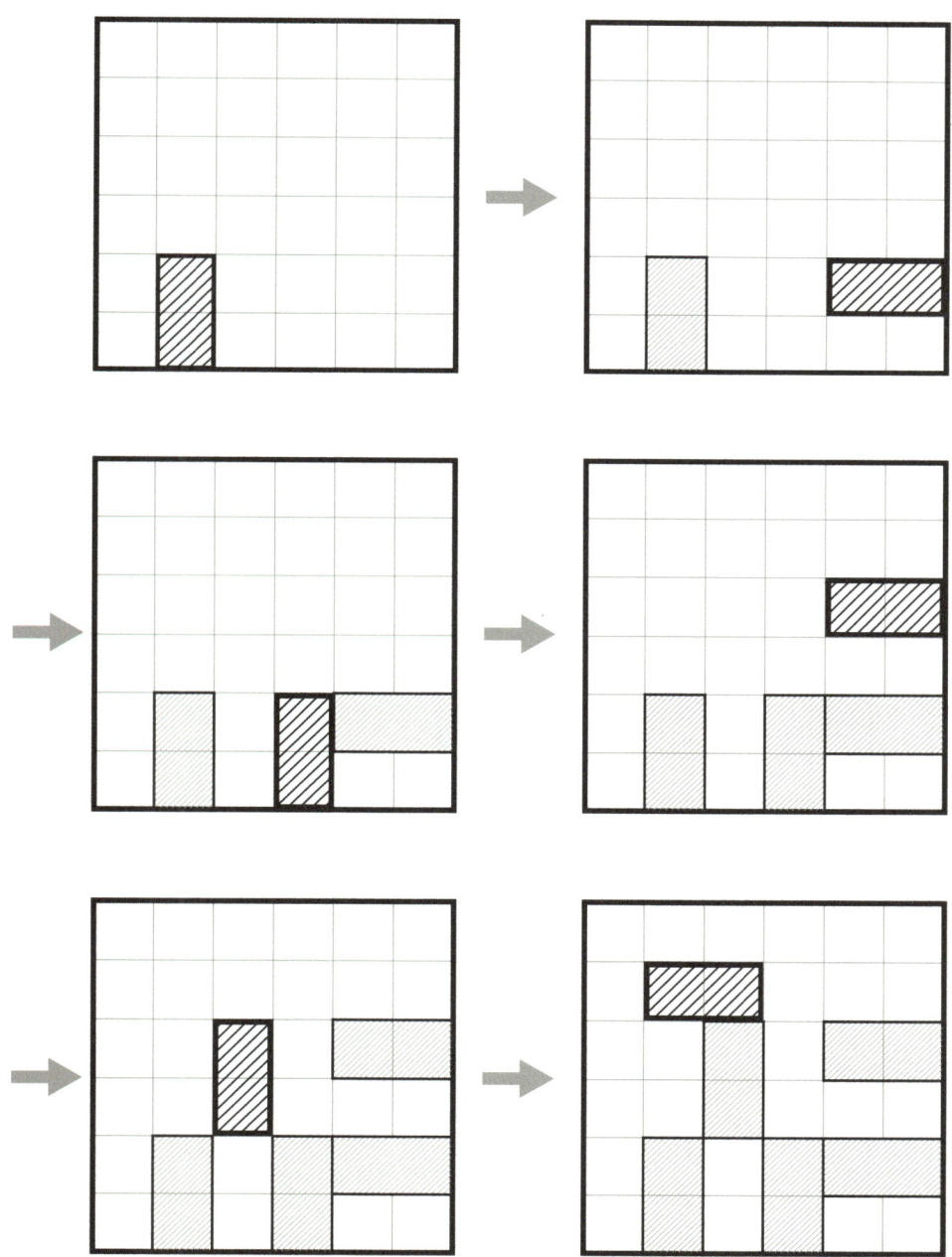

도미노 덮기

놀이진행.2 6X6 도미노 덮기

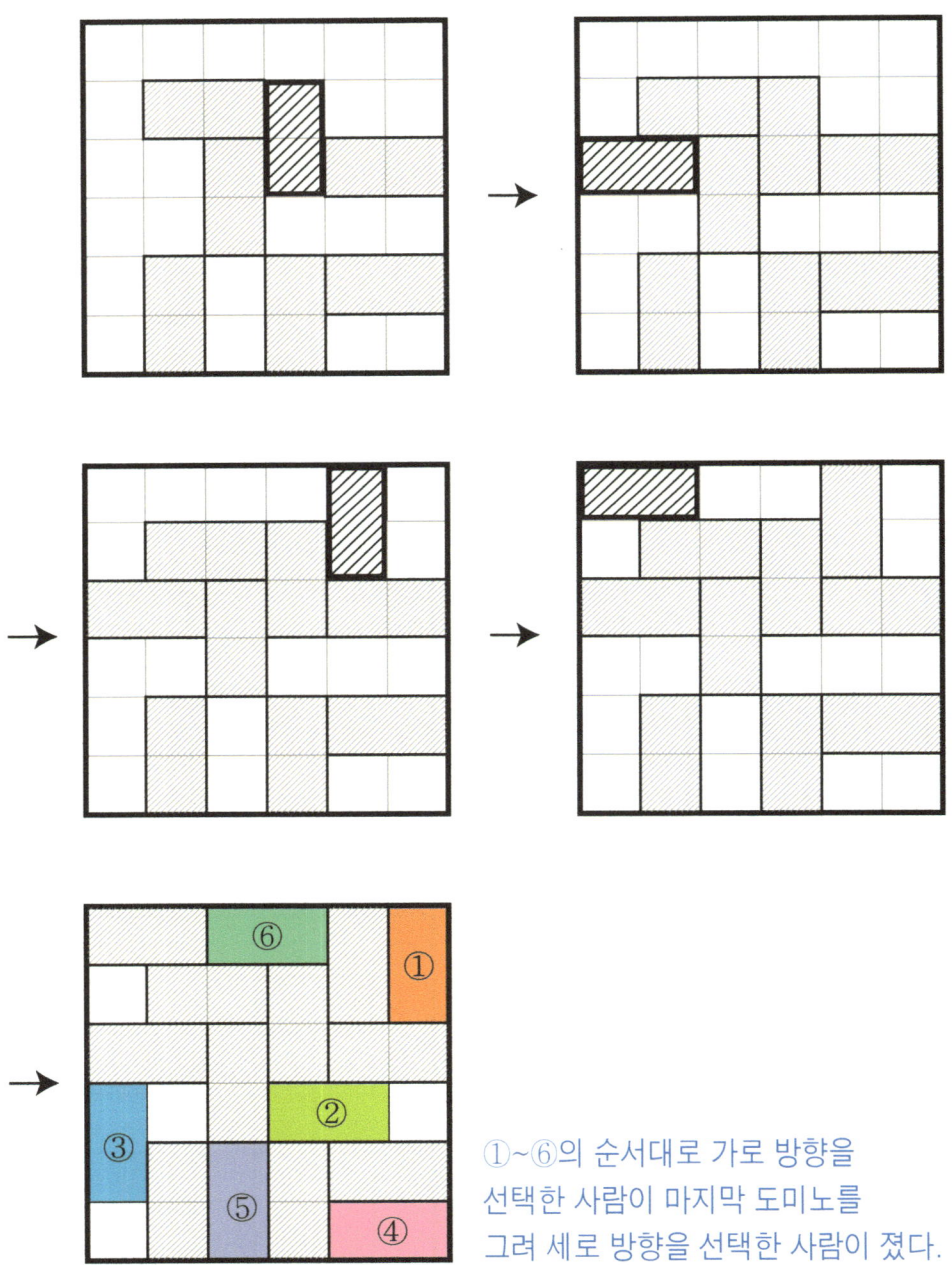

①~⑥의 순서대로 가로 방향을
선택한 사람이 마지막 도미노를
그려 세로 방향을 선택한 사람이 졌다.

도미노 덮기

놀이진행.3 10X10 도미노 덮기

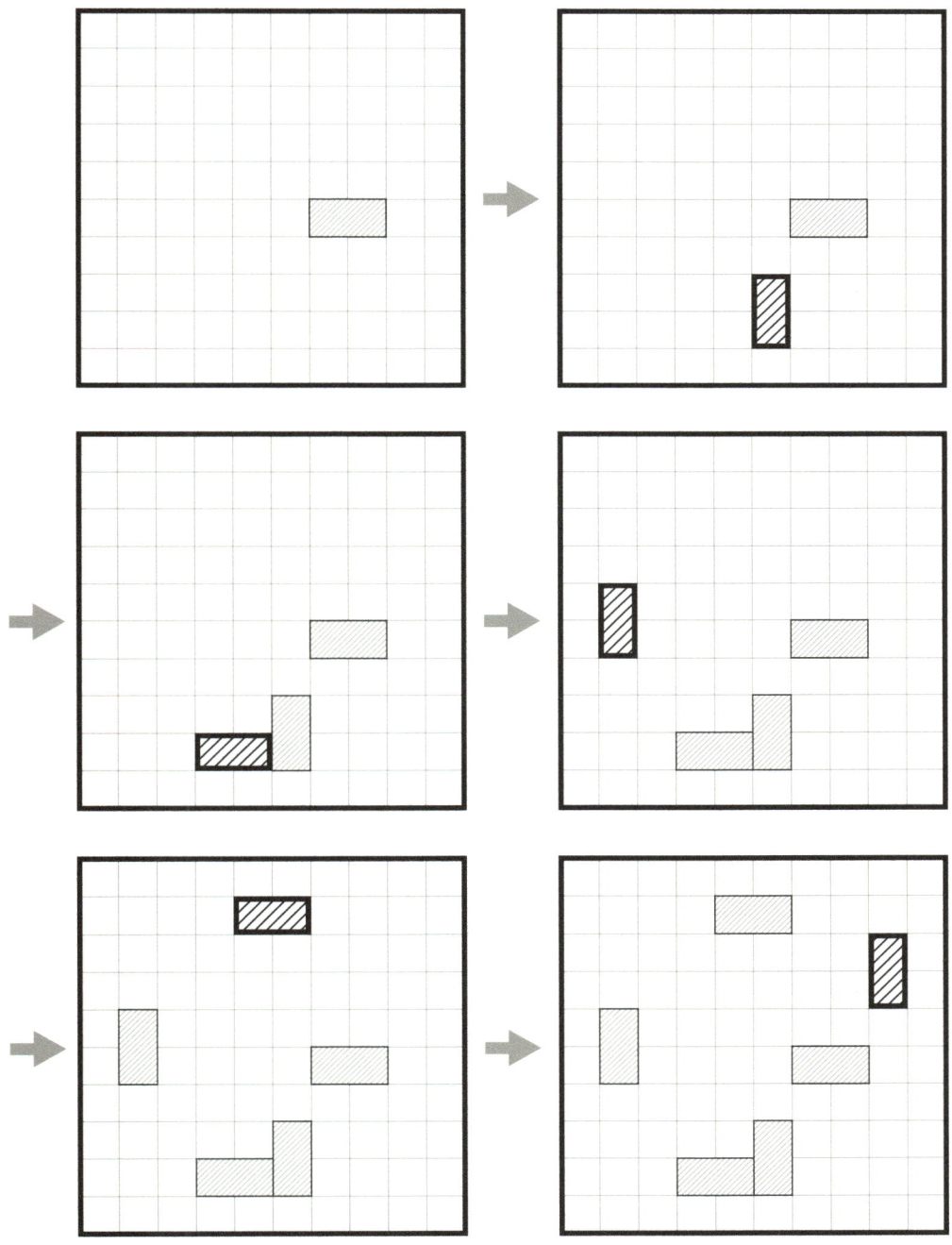

도미노 덮기

놀이진행.3 10X10 도미노 덮기

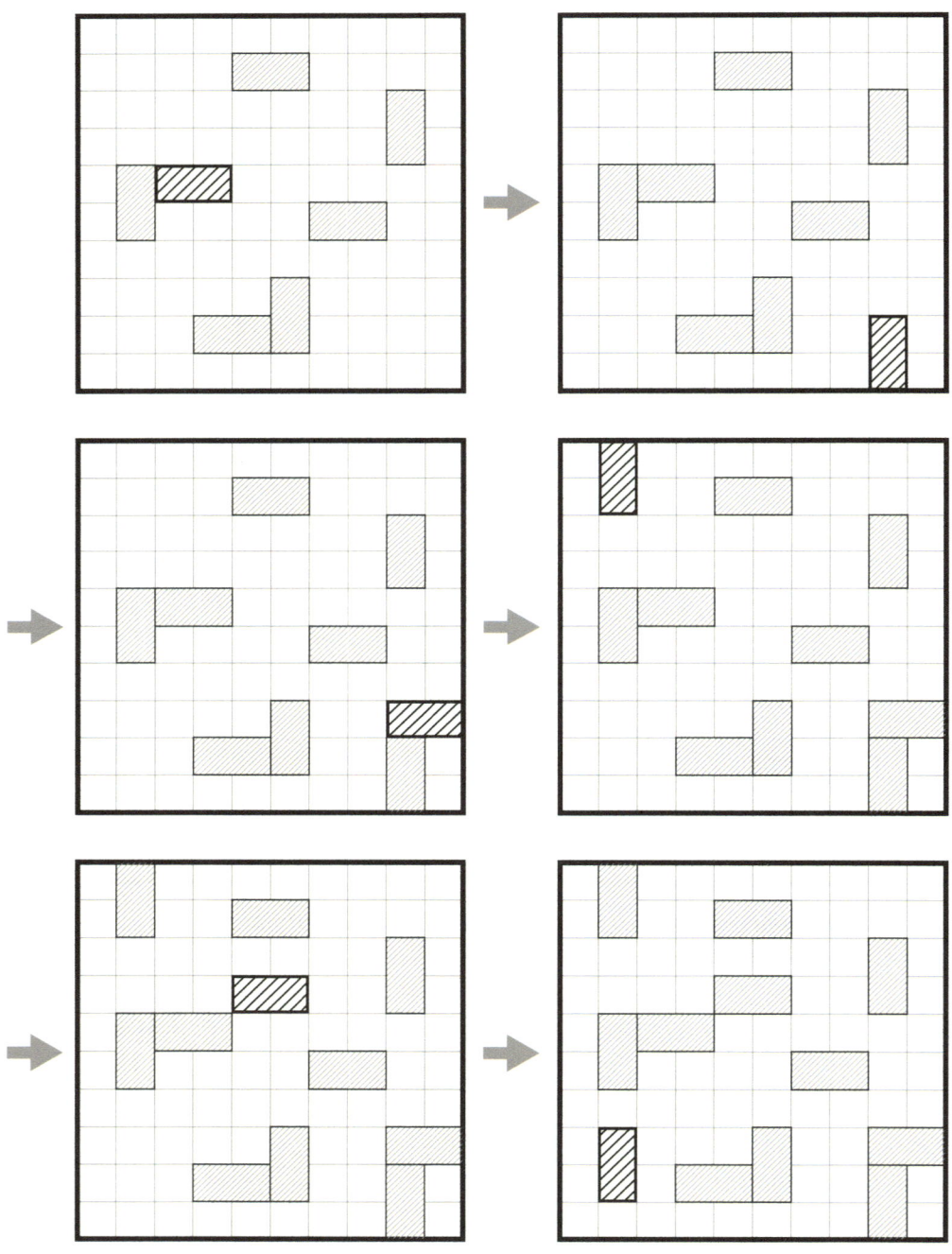

도미노 덮기

놀이진행.3 10X10 도미노 덮기

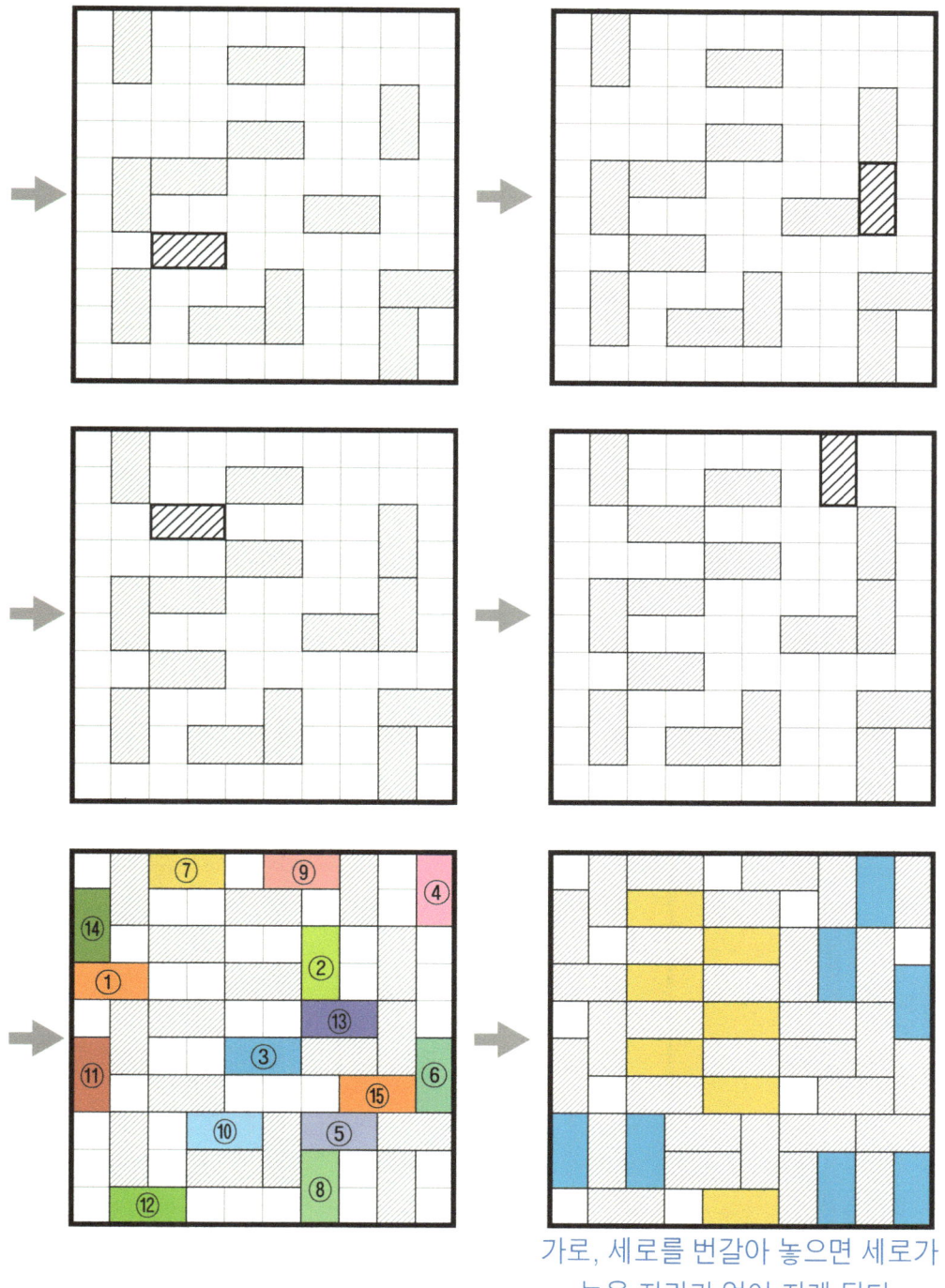

가로, 세로를 번갈아 놓으면 세로가
놓을 자리가 없어 지게 된다.

도미노 덮기(4X4)

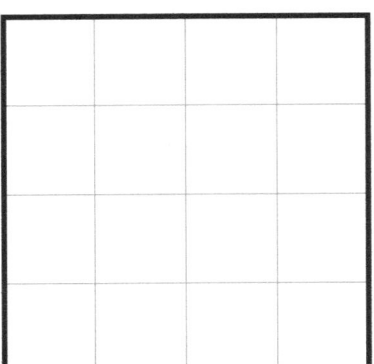
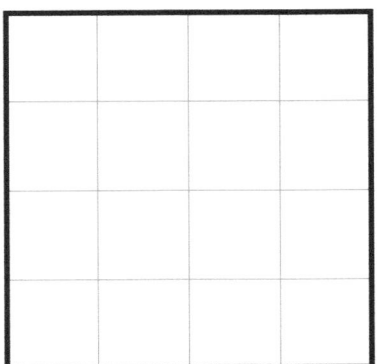

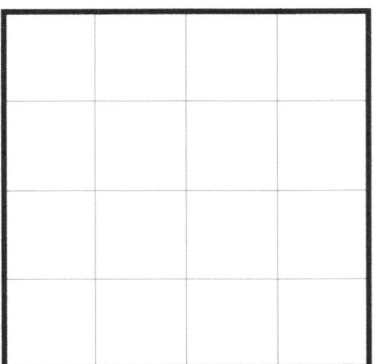

도미노 덮기(6X6)

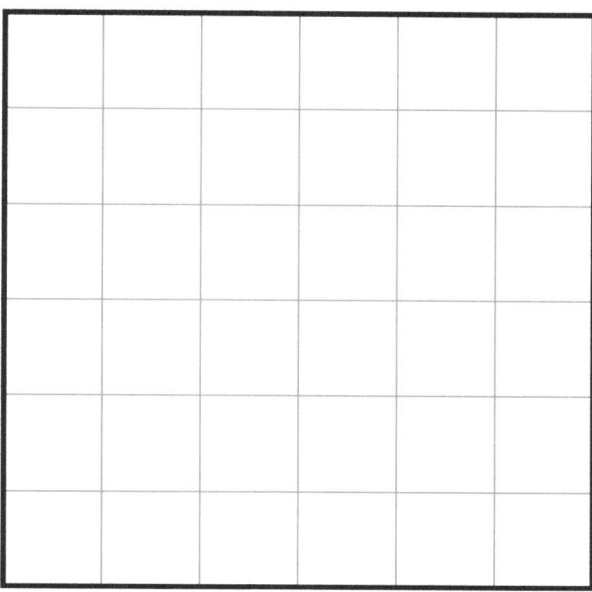

도미노 덮기(10X10)

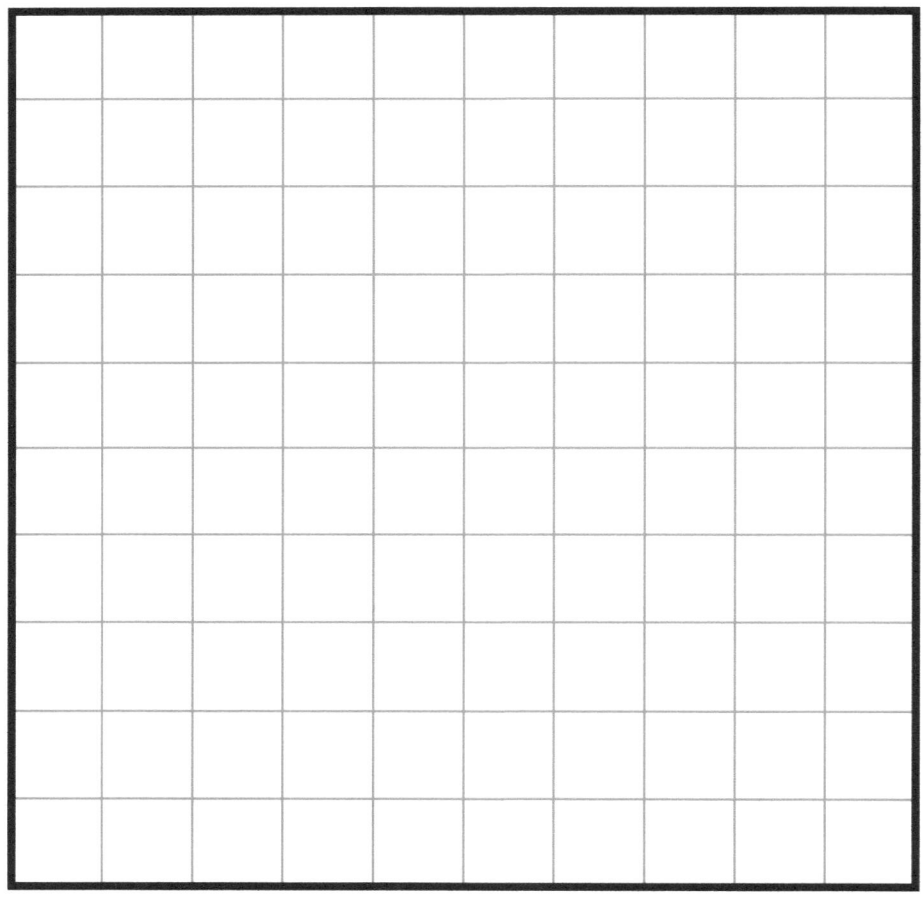

펜토미노 덮기

놀이목표

놀이판을 펜토미노로 채우면서 상대가 더이상 그릴 수 없게 하는 게임이다.

놀이방법

1. 번갈아가며 놀이판에 펜토미노를 그린다.
2. 사용한 그림은 중복 사용하지 않도록 X표를 치며 지워 나간다.
3. 펜토미노를 그릴 때는 아래처럼 돌리거나 뒤집어도 된다.

예)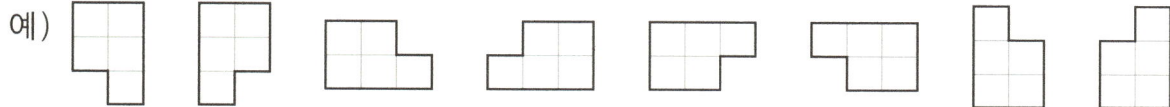

4. X표 친 곳에는 펜토미노를 그릴 수 없다.
5. 더이상 펜토미노를 그릴 수 없는 사람이 지게 된다.

모양관찰

펜토미노는 정사각형 5개를 조합하여 만든 모양으로 모두 12가지가 있다.
모양을 익혀 두면 게임하는데 유리하다.

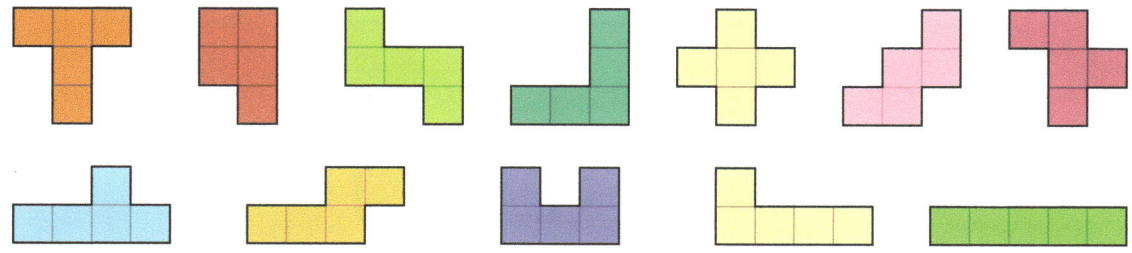

Tip

펜토미노 덮기는 유아들이 펜토미노 모양을 익히면서 공간지각력을 기르는데 유용한 놀이다.

펜토미노 덮기

놀이진행

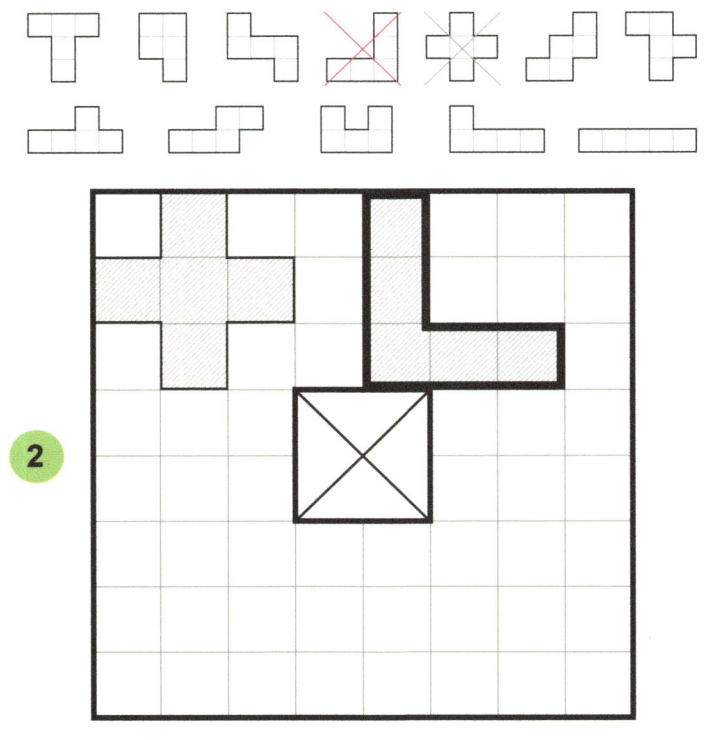

펜토미노 덮기

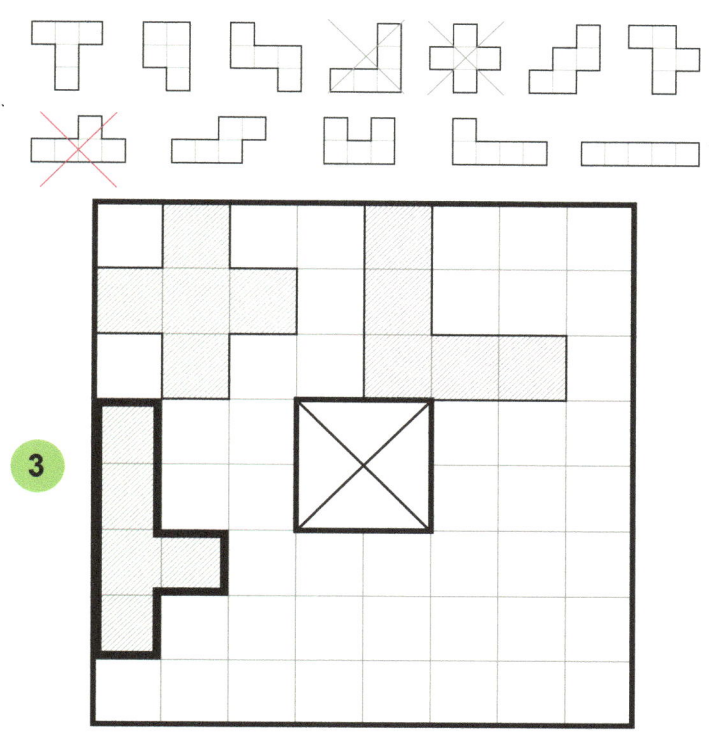

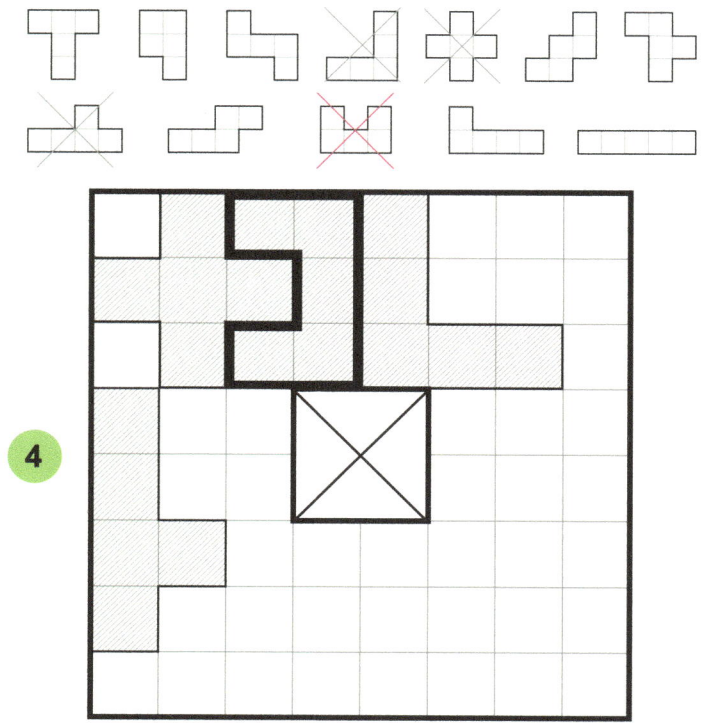

펜토미노 덮기

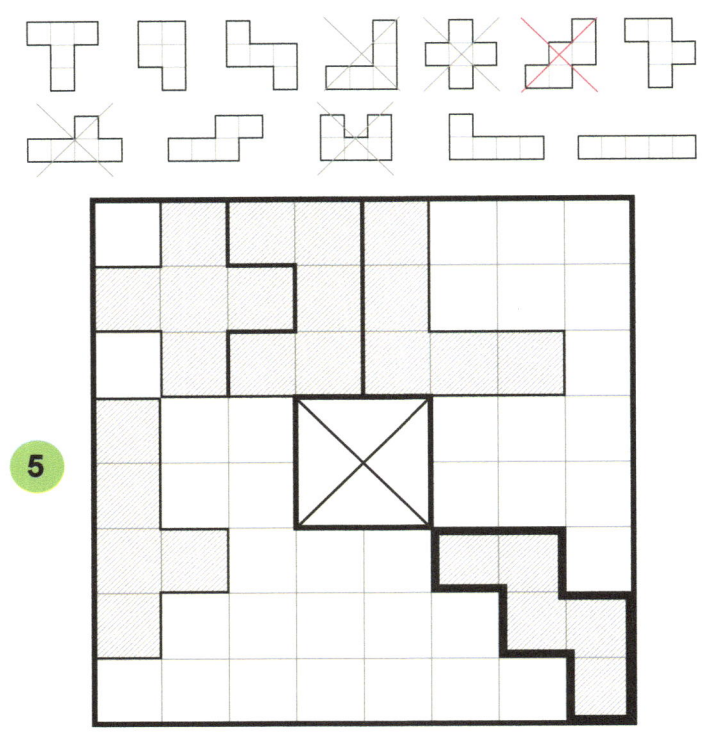

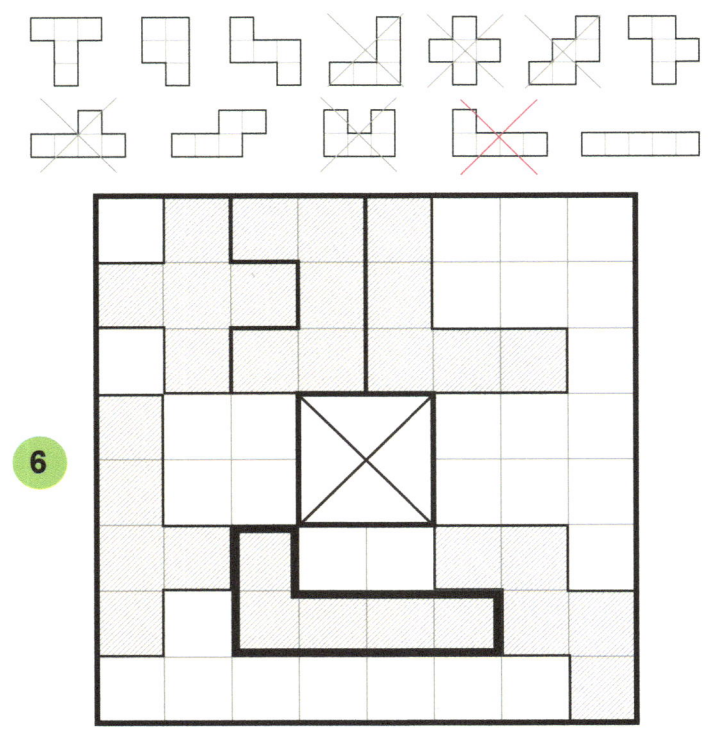

펜토미노 덮기

놀이진행

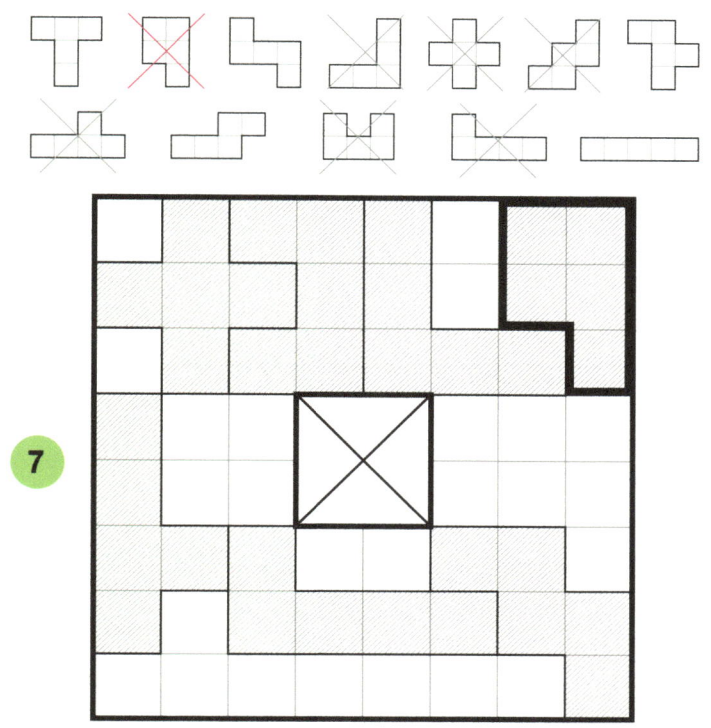

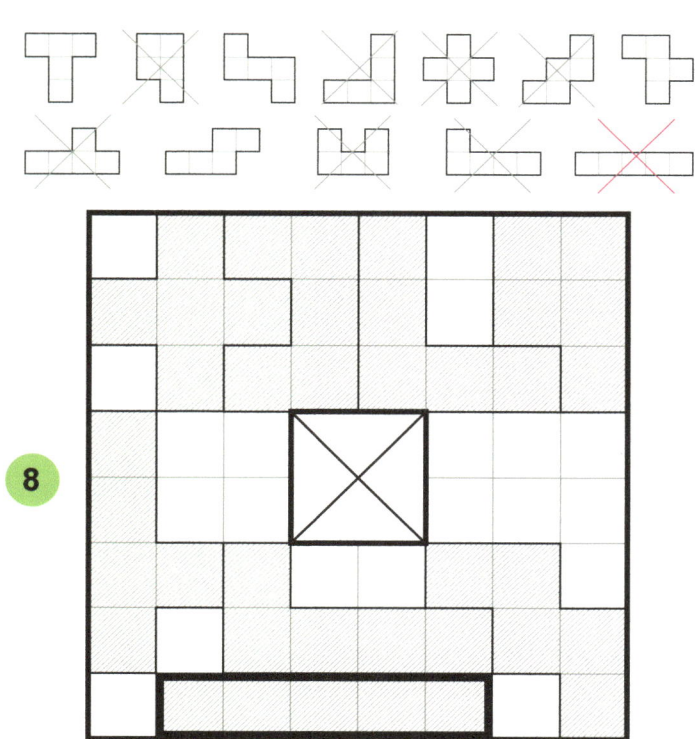

펜토미노 덮기

놀이진행

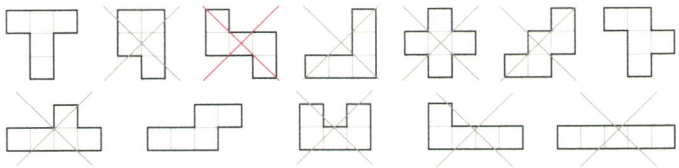

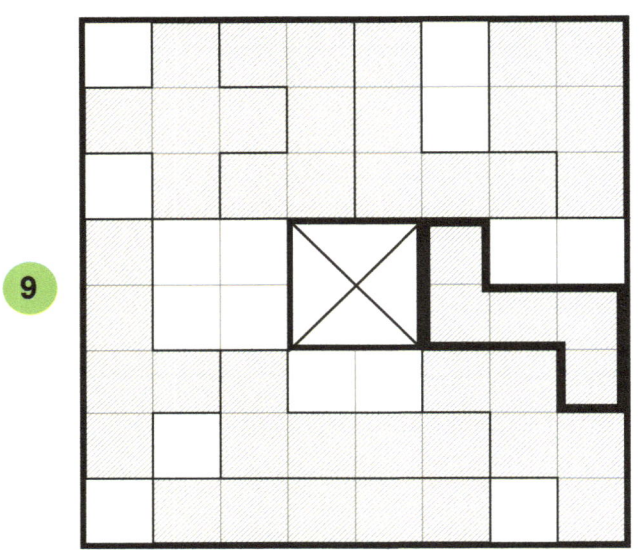

더이상 펜토미노를 그릴 수 없어 게임이 끝났다.

펜토미노 덮기

펜토미노 채우기

펜토미노를 잘 배치하면 아래와 같이 빈 공간을 모두 채울 수 있다.

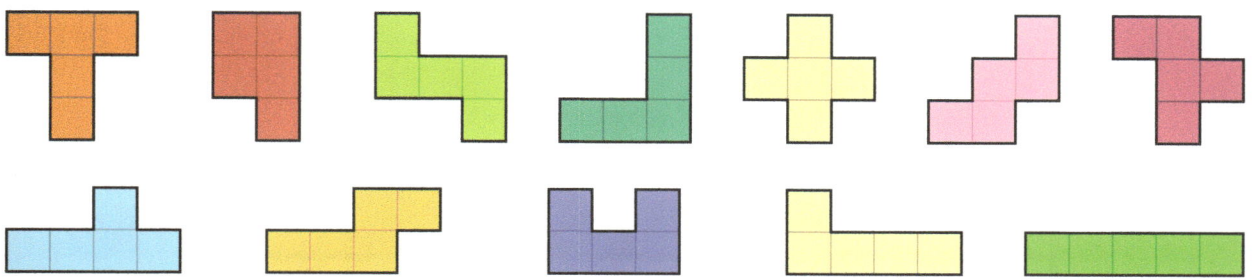

펜토미노 덮기

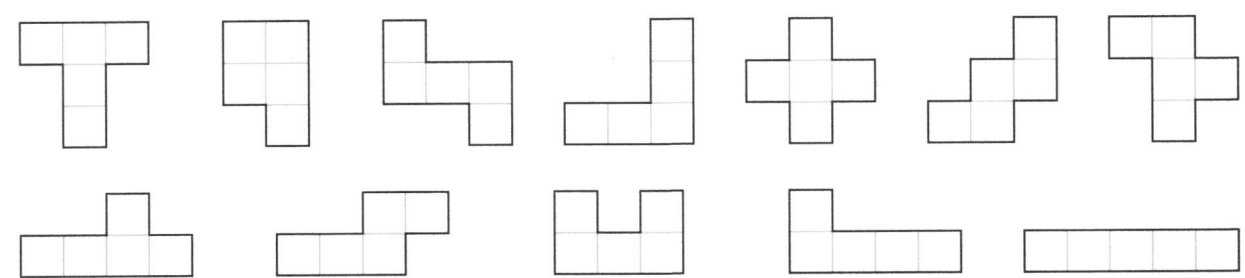

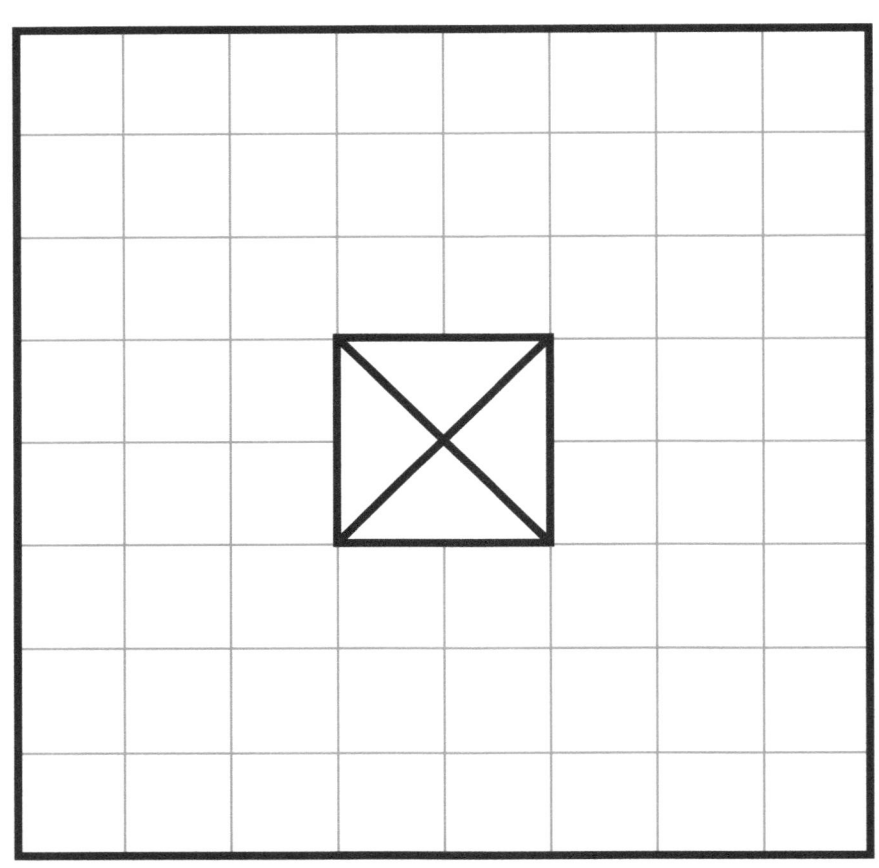

마름모 도미노 덮기

놀이목표

놀이판을 마름모 도미노로 채우면서 상대가 더이상 그릴 수 없게 하는 게임이다.

놀이방법

1. 번갈아가며 놀이판에 마름모 도미노를 그린다.
2. 한사람은 가로 방향으로만, 다른 한사람은 세로 방향으로만 그린다.

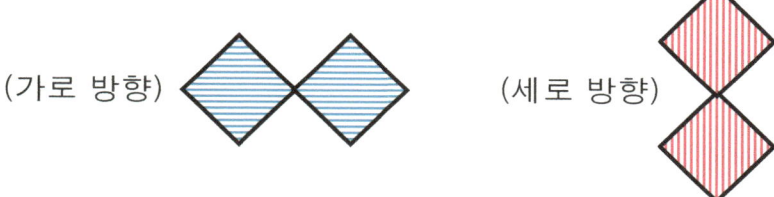

3. 도미노끼리 겹치면 안된다.

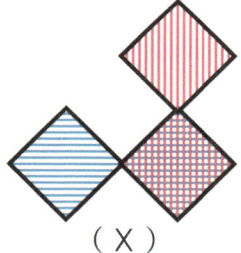

4. 더이상 도미노를 그릴 수 없는 사람이 지게 된다.

Tip

도미노를 변이 아닌 꼭짓점 연결 개념으로 확장한 마름모 도미노를 게임에 적용한 것이다. 마름모 도미노는 시각적으로 익숙하지 않아 게임 전략에 어려움이 있을 것이다. 5X5놀이판이 기본이지만 6X6, 8X8 놀이판 확장도 가능하다.

마름모 도미노 덮기

놀이진행

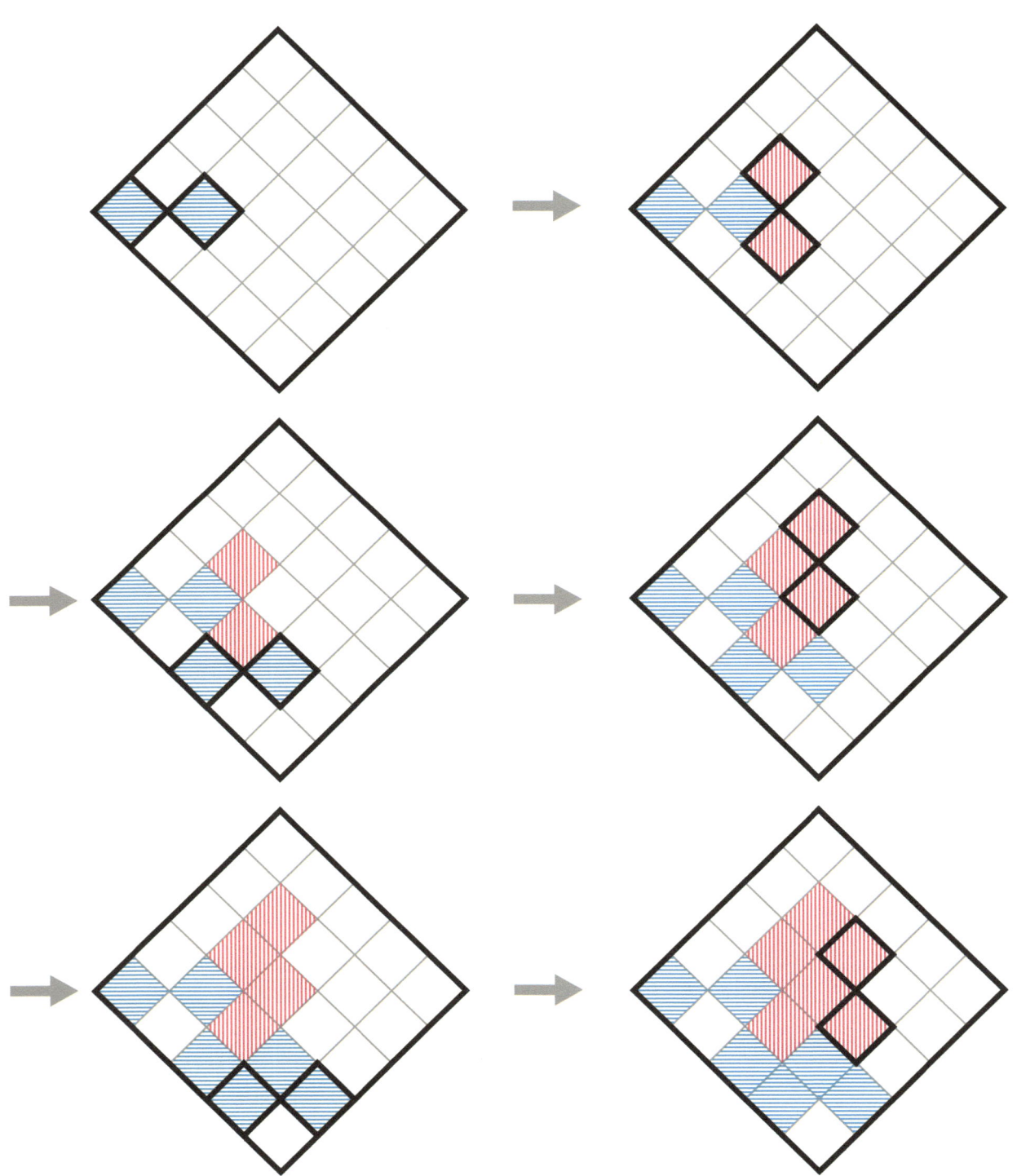

마름모 도미노 덮기

놀이진행

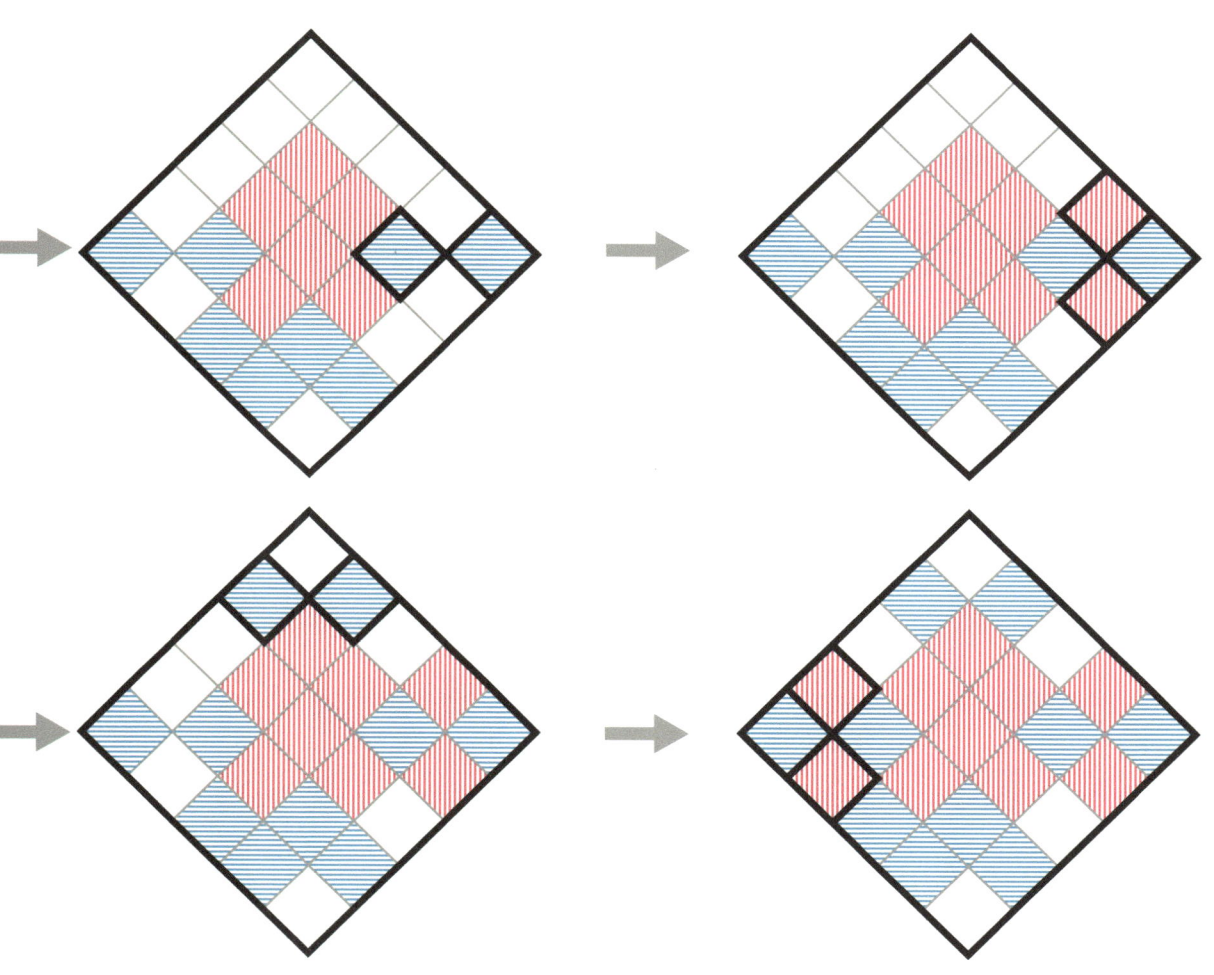

파란색이 더이상 놓을 곳이 없어 졌다.

마름모 도미노 덮기

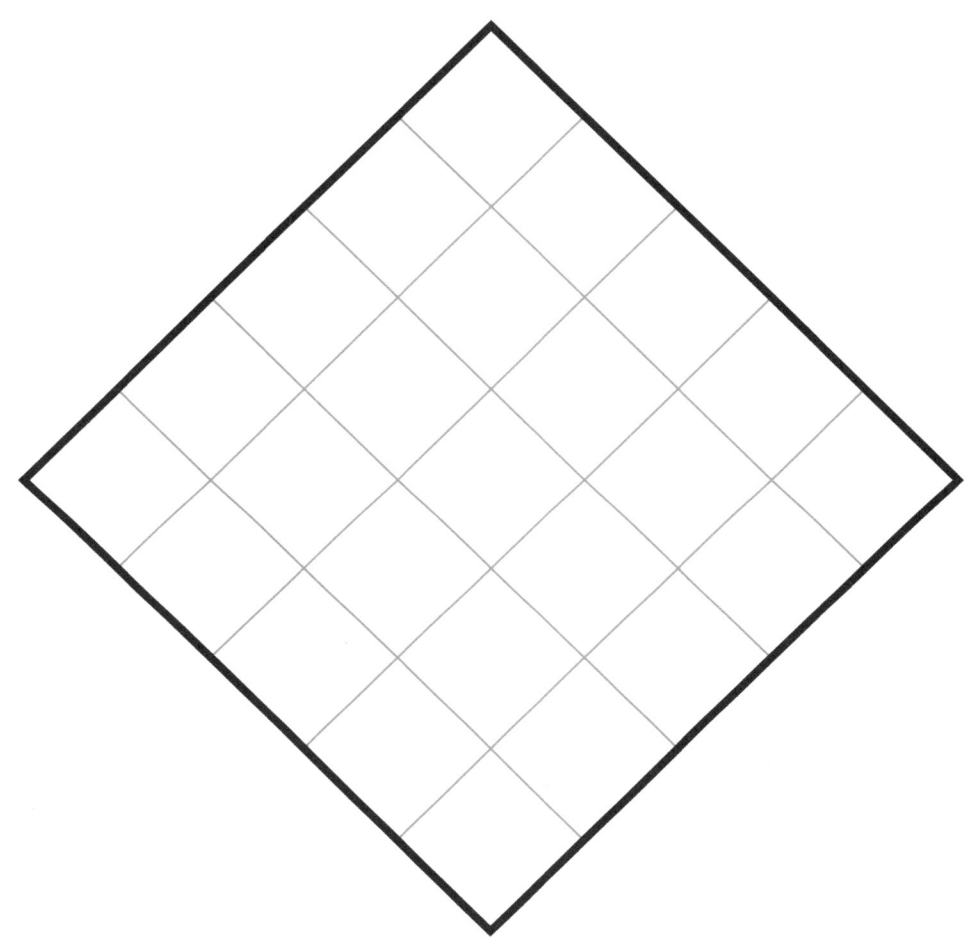

꼭짓점 잇기

놀이목표

꼭짓점끼리 연결되도록 트리미노를 채우는 게임이다.

놀이방법

1. 번갈아가며 놀이판에 꼭짓점끼리 연결하면서 트리미노를 그린다.
2. 처음 시작할 때는 반드시 각자 서로 마주보는 대각선 끝쪽부터 그린다.
3. 블록을 그릴 때는 아래처럼 돌리거나 뒤집어도 된다.

예)

4. 사용한 그림은 중복 사용해도 된다.
5. 더이상 트리미노를 그릴 수 없는 사람이 지게 된다.

모양관찰

트리미노는 정사각형 3개를 조합하여 만든 모양으로 모두 2가지가 있다.
모양을 익혀 두면 게임하는데 유리하다.

Tip

폴리오미노라는 21개의 블록을 이용하는 게임을 응용한 것이다.
연필로 하는 보드게임이다 보니 트리미노 도형만 사용하여 단순화 하였다.
공간지각력을 기르는데 유용한 게임이다.

꼭짓점 잇기

놀이규칙

1. 어떤 모양이든 마주보는 대각선 끝에서 시작한다.

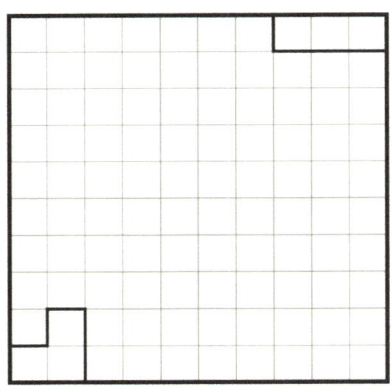 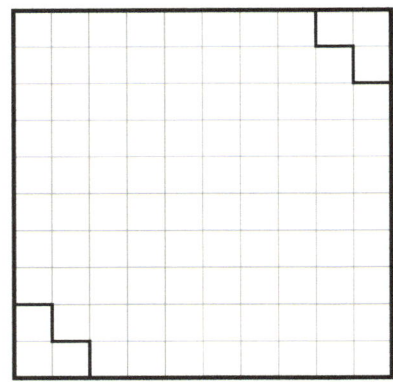

2. 꼭짓점끼리 연결해야 한다.

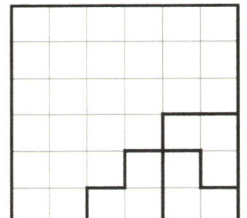 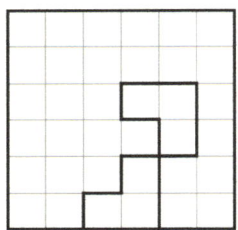 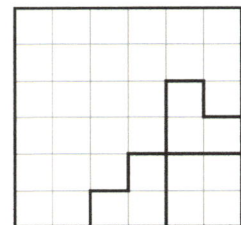 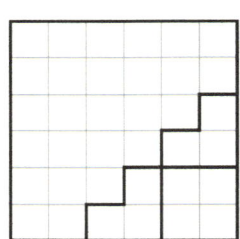

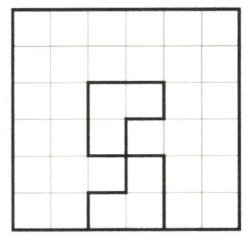 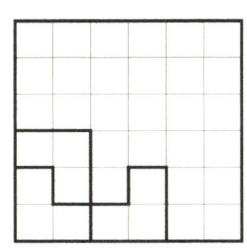 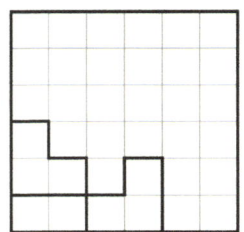 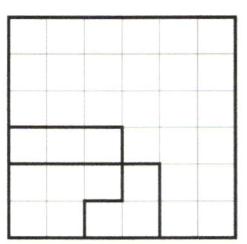

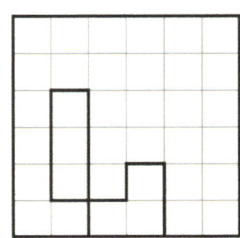 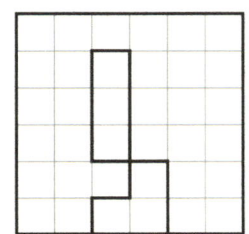 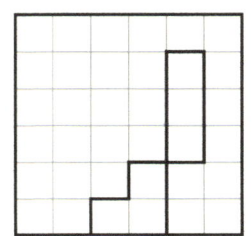 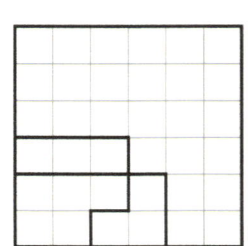

꼭짓점 잇기

놀이진행

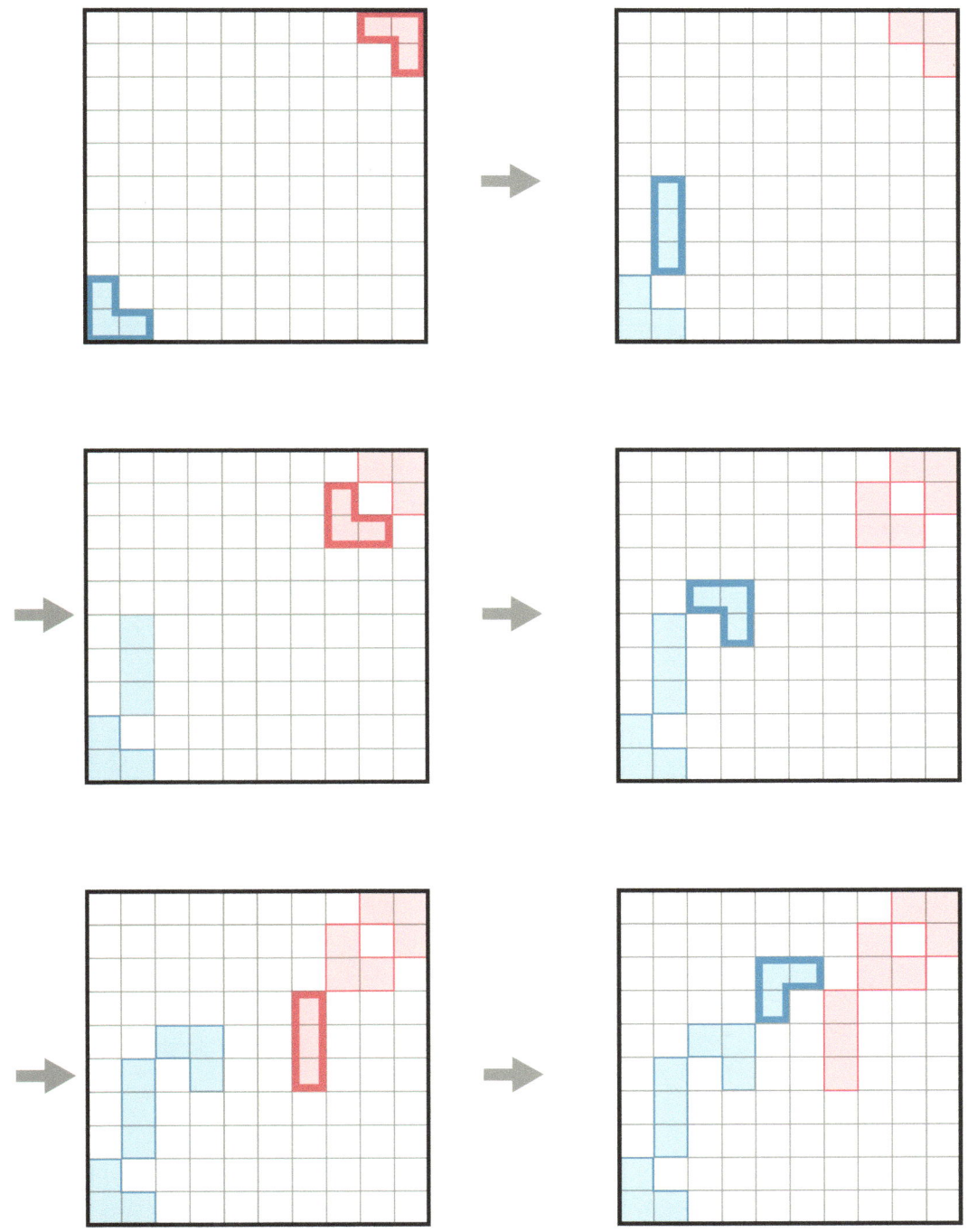

꼭짓점 잇기

놀이진행

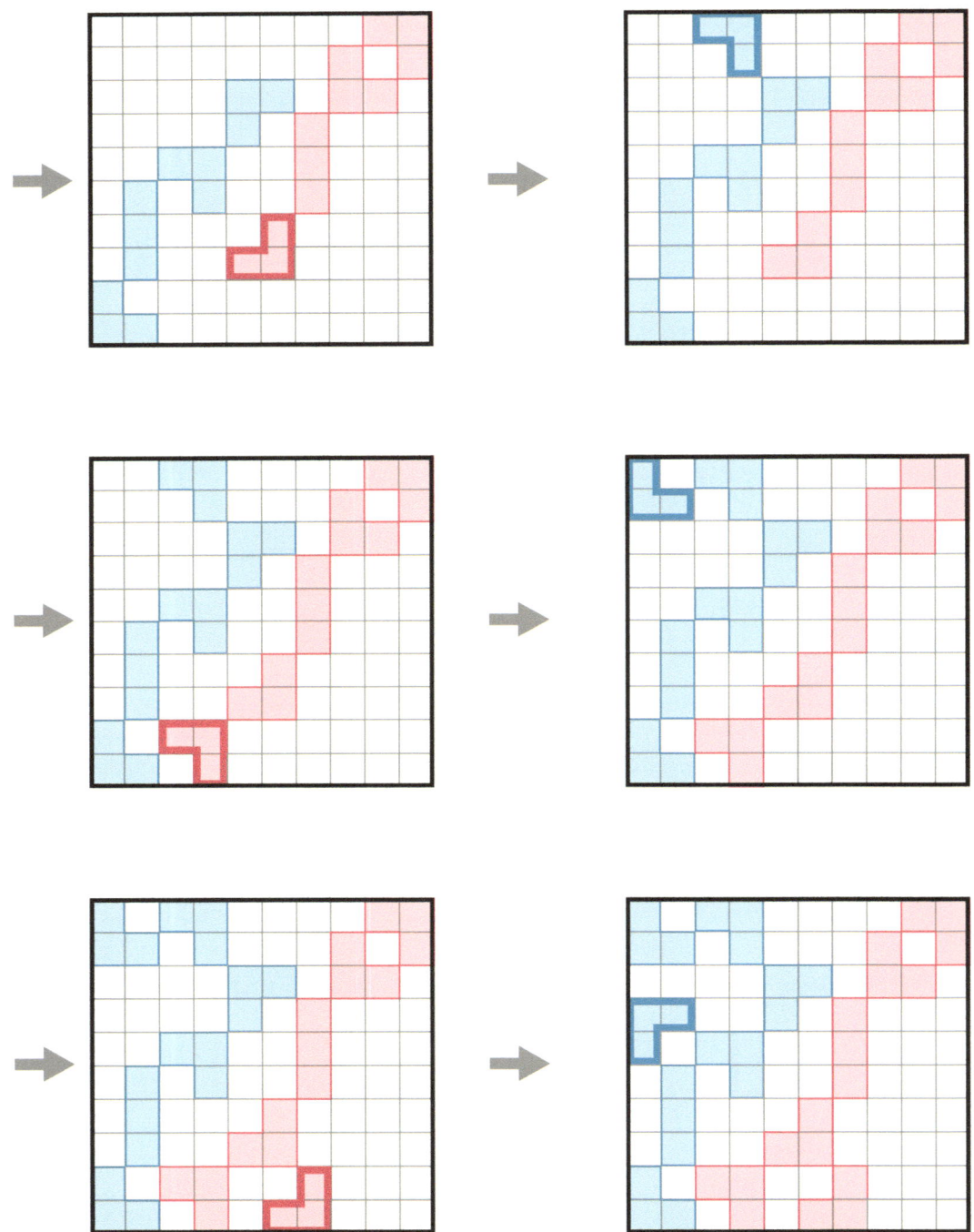

꼭짓점 잇기

놀이진행

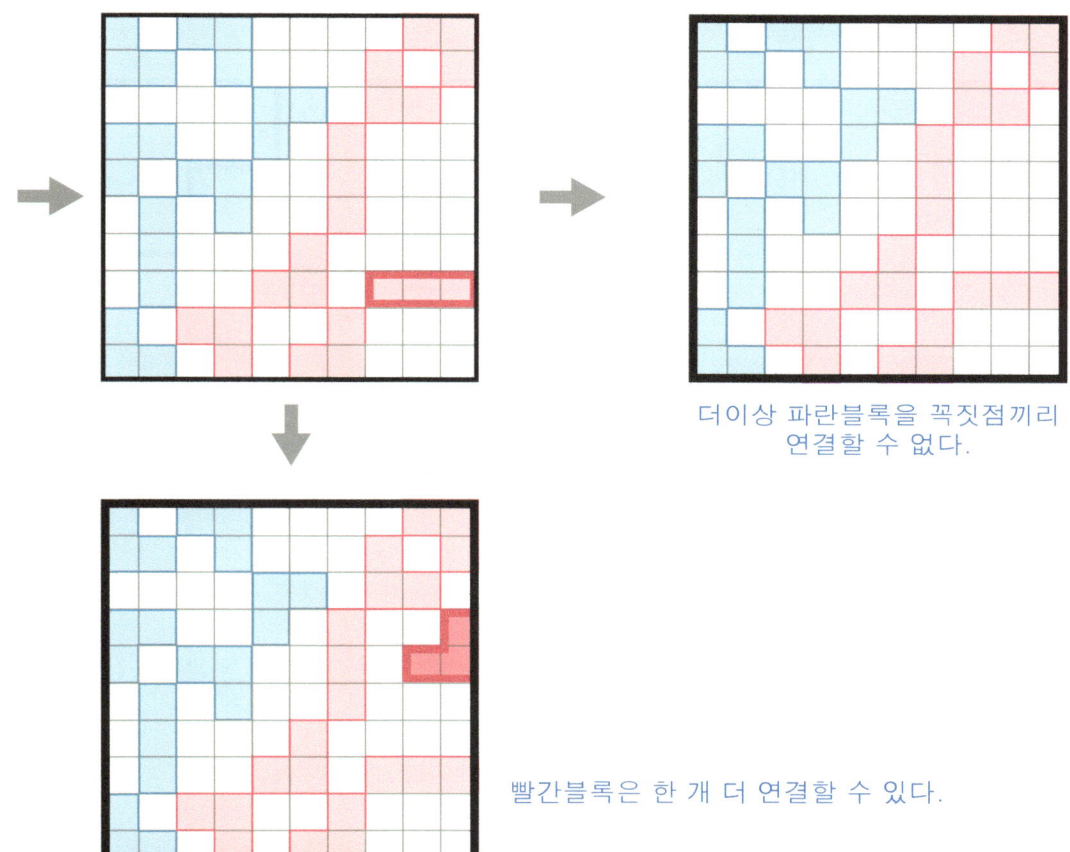

더이상 파란블록을 꼭짓점끼리 연결할 수 없다.

빨간블록은 한 개 더 연결할 수 있다.

꼭짓점 잇기

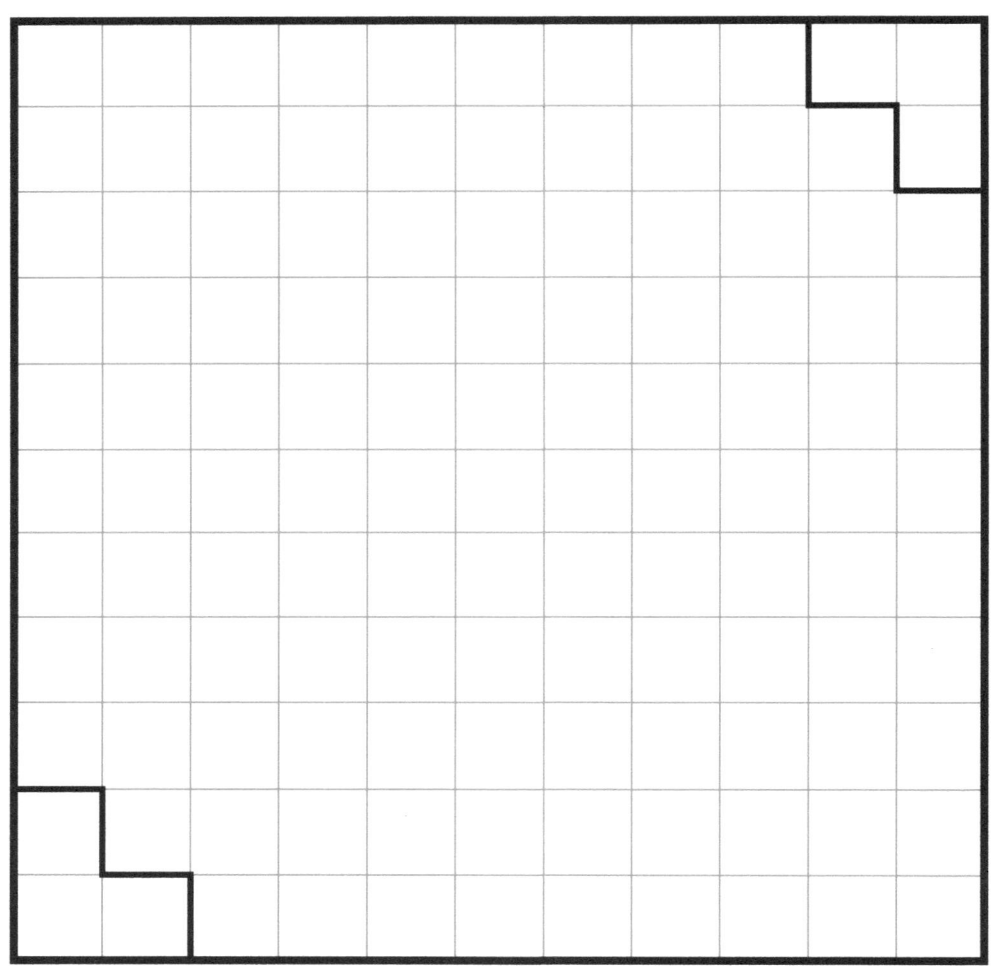

헥시아몬드 덮기

놀이목표

놀이판을 헥시아몬드로 채우면서 상대가 더이상 그릴 수 없게 하는 게임이다.

놀이방법

1. 번갈아가며 놀이판에 헥시아몬드를 그린다.
2. 사용한 그림은 중복 사용하지 않도록 X표를 치며 지워 나간다.
3. 헥시아몬드를 그릴 때는 아래처럼 돌리거나 뒤집어도 된다.

예)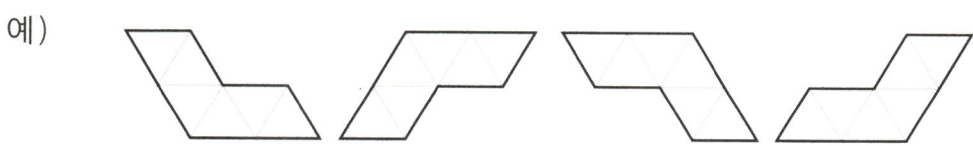

4. 헥시아몬드끼리는 서로 연결되지 않아도 된다.
5. 더이상 헥시아몬드를 그릴 수 없는 사람이 지게 된다.

모양관찰

헥시아몬드는 정삼각형 6개를 조합하여 만든 모양으로 모두 12가지가 있다.
모양을 익혀 두면 게임하는데 유리하다.

Tip

헥시아몬드 덮기는 유아들이 헥시아몬드 모양을 익히면서 공간지각력을 기르는데 유용한 놀이다.

헥시아몬드 덮기

놀이진행

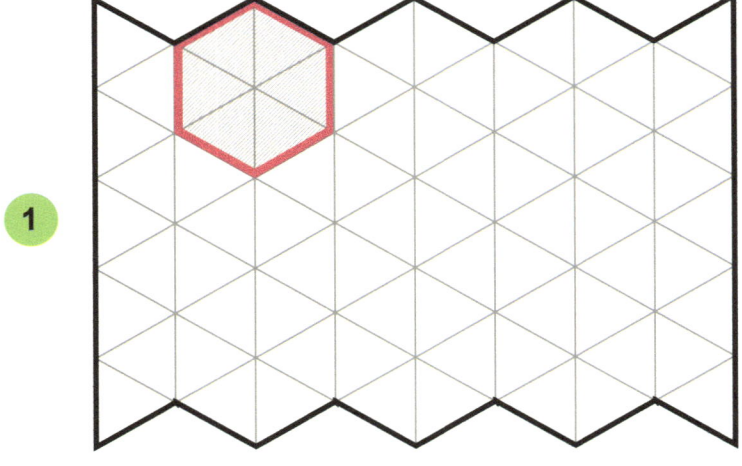

①

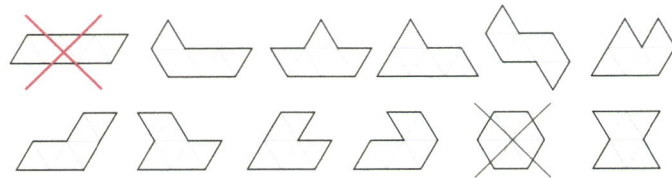

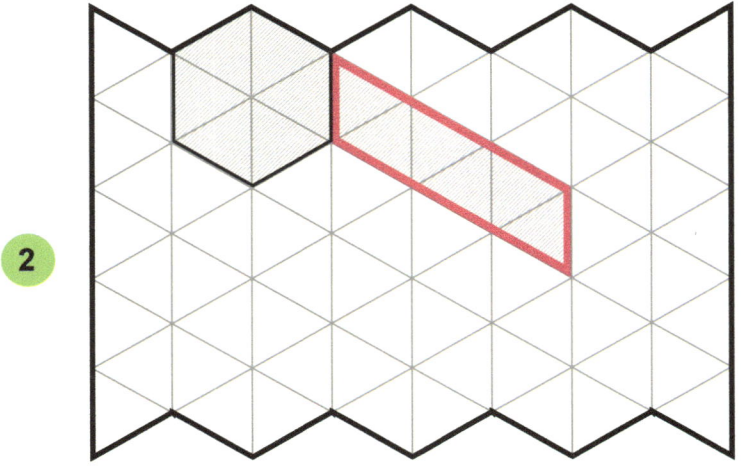

②

헥시아몬드 덮기

놀이진행

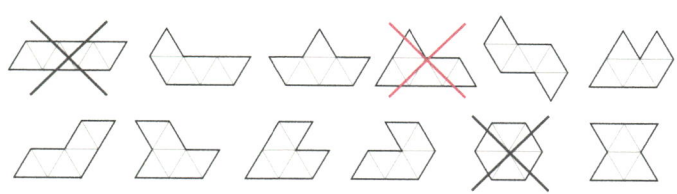

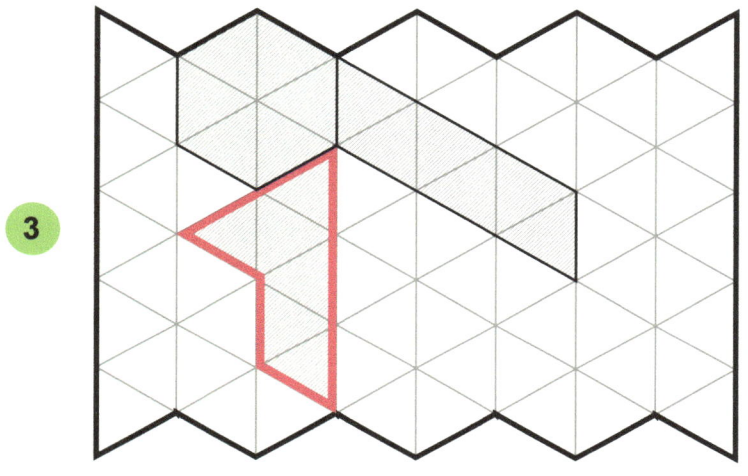

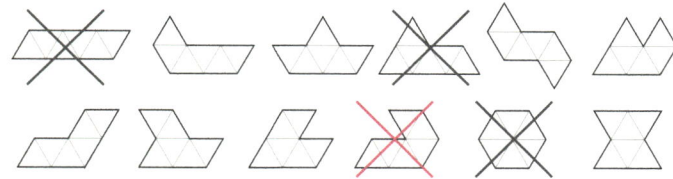

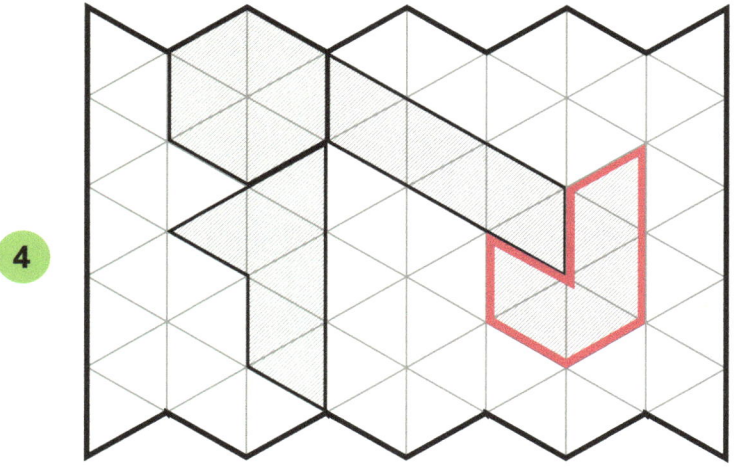

헥시아몬드 덮기

놀이진행

5

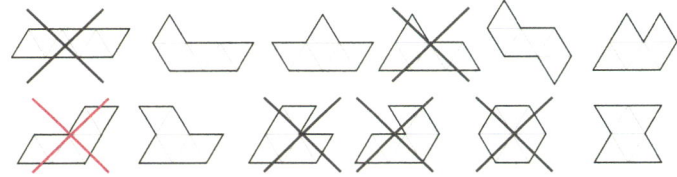

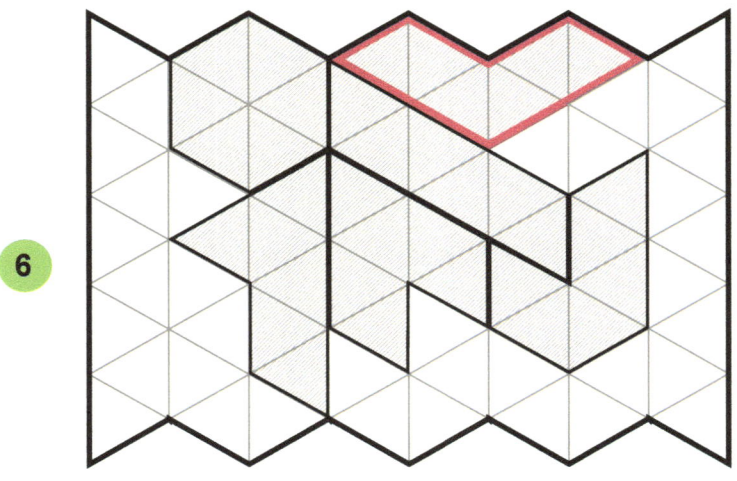

6

헥시아몬드 덮기

놀이진행

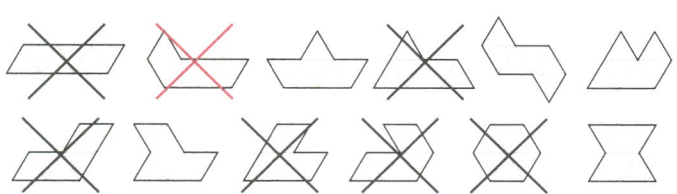

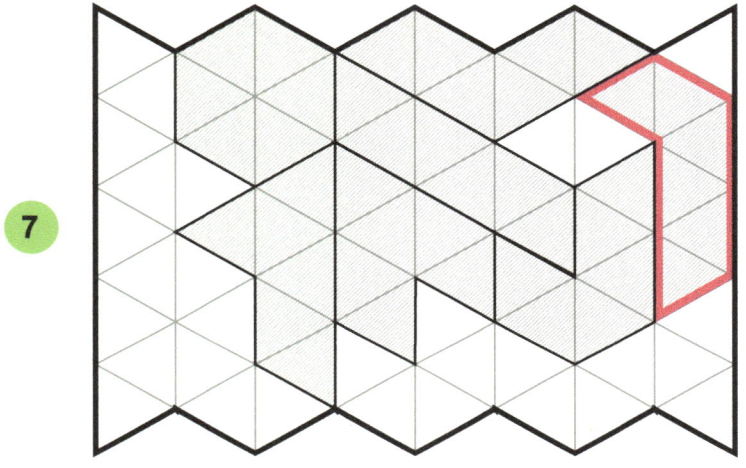

7

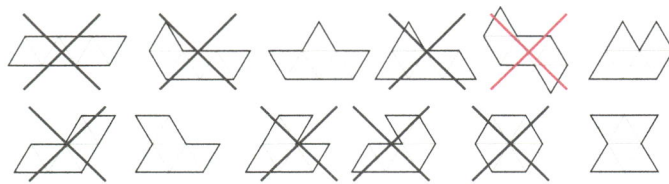

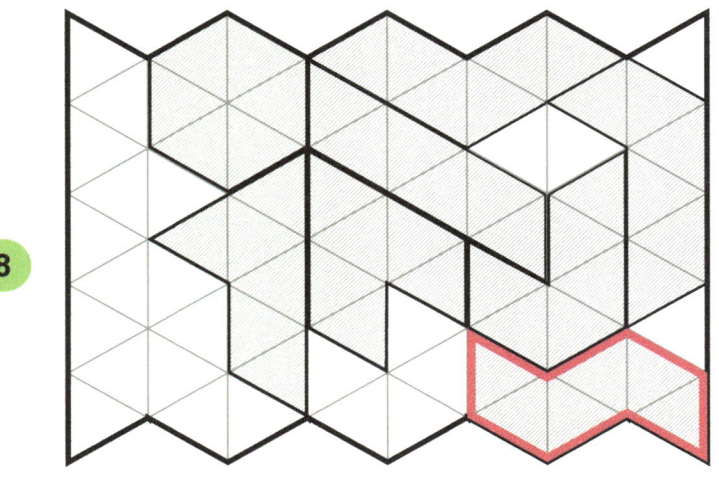

8

헥시아몬드 덮기

놀이진행

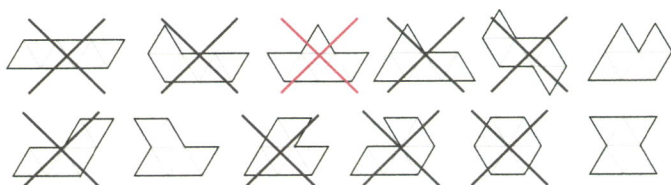

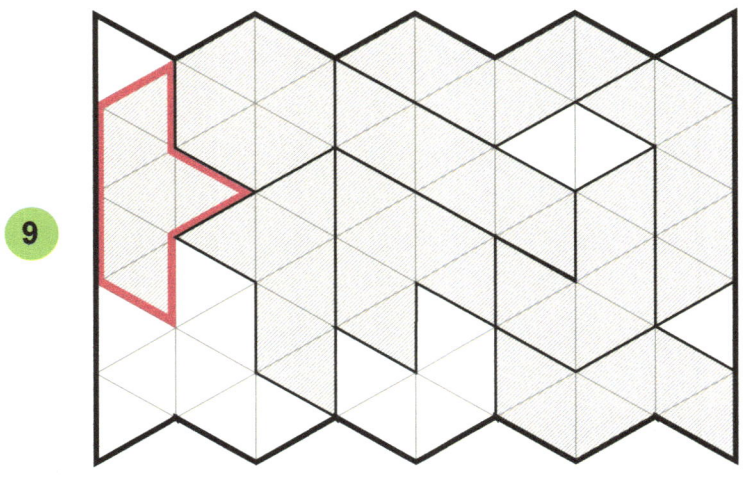

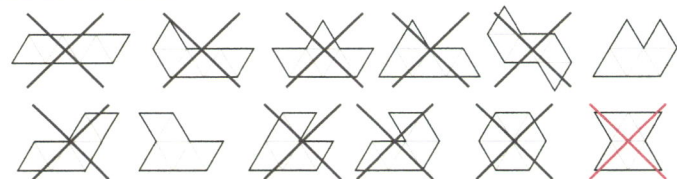

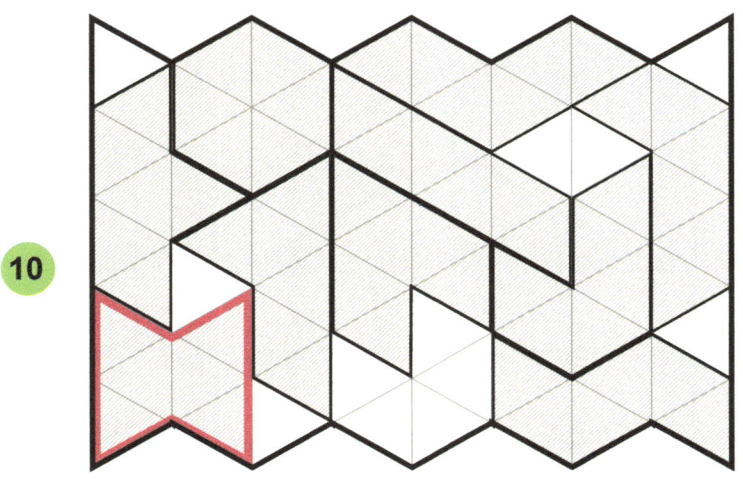

더이상
헥시아몬드를
그릴 수 없어
게임이 끝났다.

헥시아몬드 덮기

헥시아몬드 채우기

헥시아몬드를 잘 배치하면 아래와 같이 빈 공간을 모두 채울 수 있다.

헥시아몬드 덮기

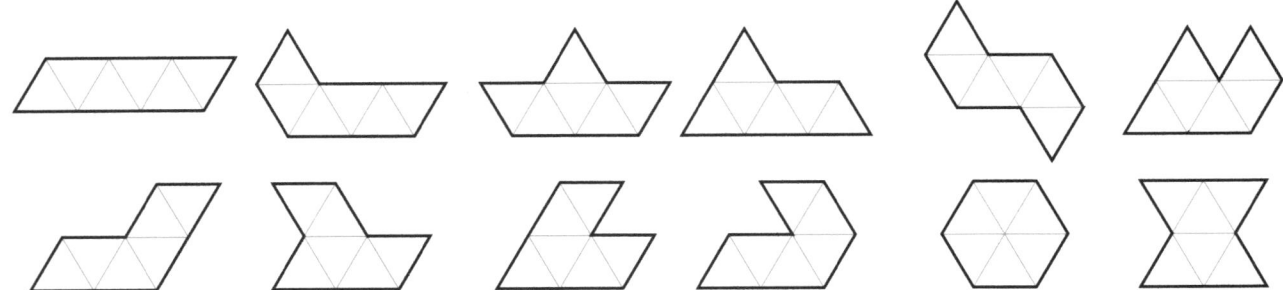

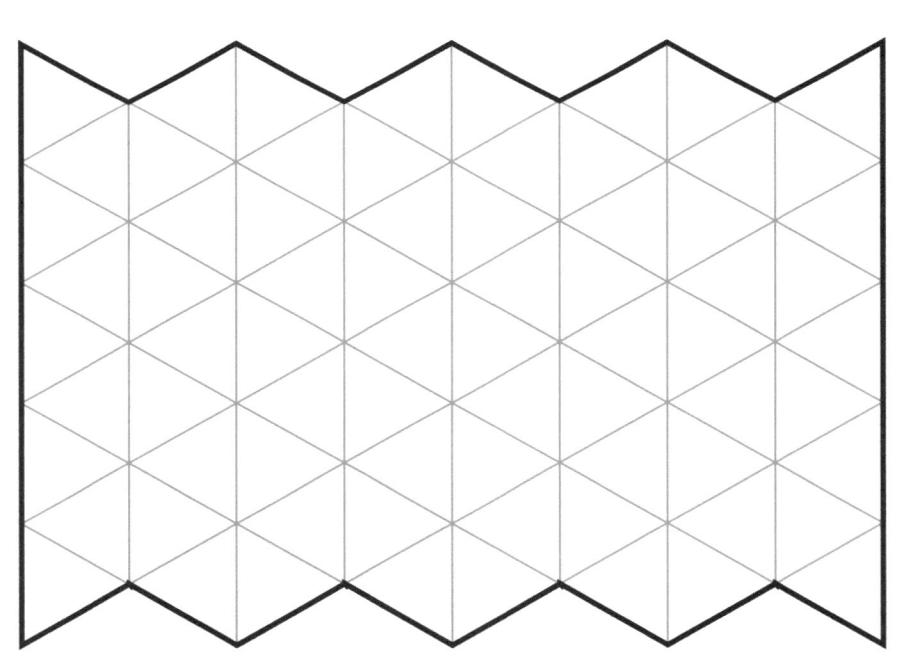

트리아몬드 놀이

놀이목표

놀이판을 트리아몬드로 채우면서 상대가 더이상 그릴 수 없게 하는 게임이다.

놀이방법

1. 번갈아가며 놀이판에 트리아몬드를 칠한다.
2. 트리아몬드끼리는 서로 연결되지 않아도 된다.
   예)

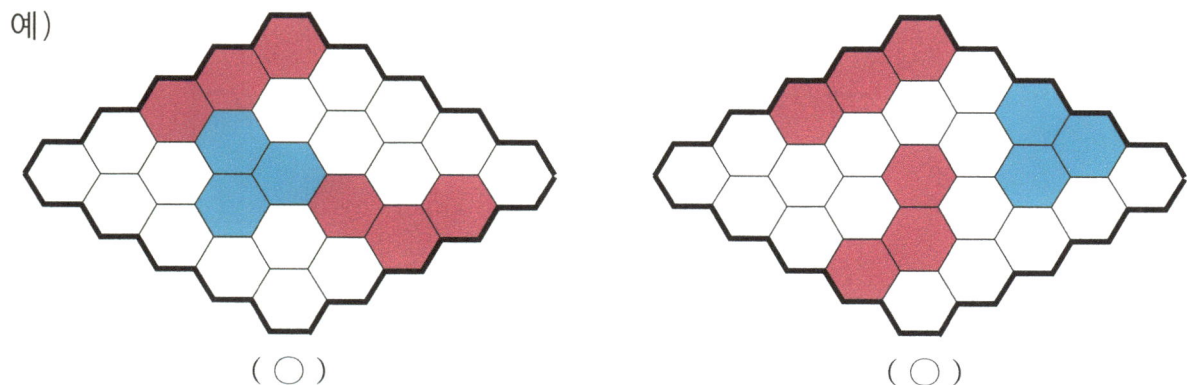

(○)　　　　　　　　　　　(○)

3. 더이상 트리아몬드를 그릴 수 없는 사람이 지게 된다.

모양관찰

트리아몬드는 정육각형 3 개를 조합하여 만든 모양으로 모두 3 가지가 있다.
모양을 익혀 두면 게임하는데 유리하다.

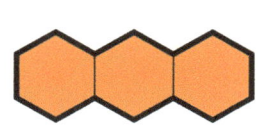　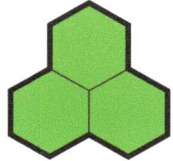　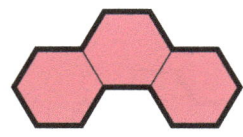

Tip

육각형을 세 개 연결한 도형을 트리아몬드라 하며 모두 세 개의 연결 모양이 있다.
놀이칸을 늘리면 보다 전략적인 놀이가 가능하다.

트리아몬드 놀이

놀이진행 25칸 트리아몬드

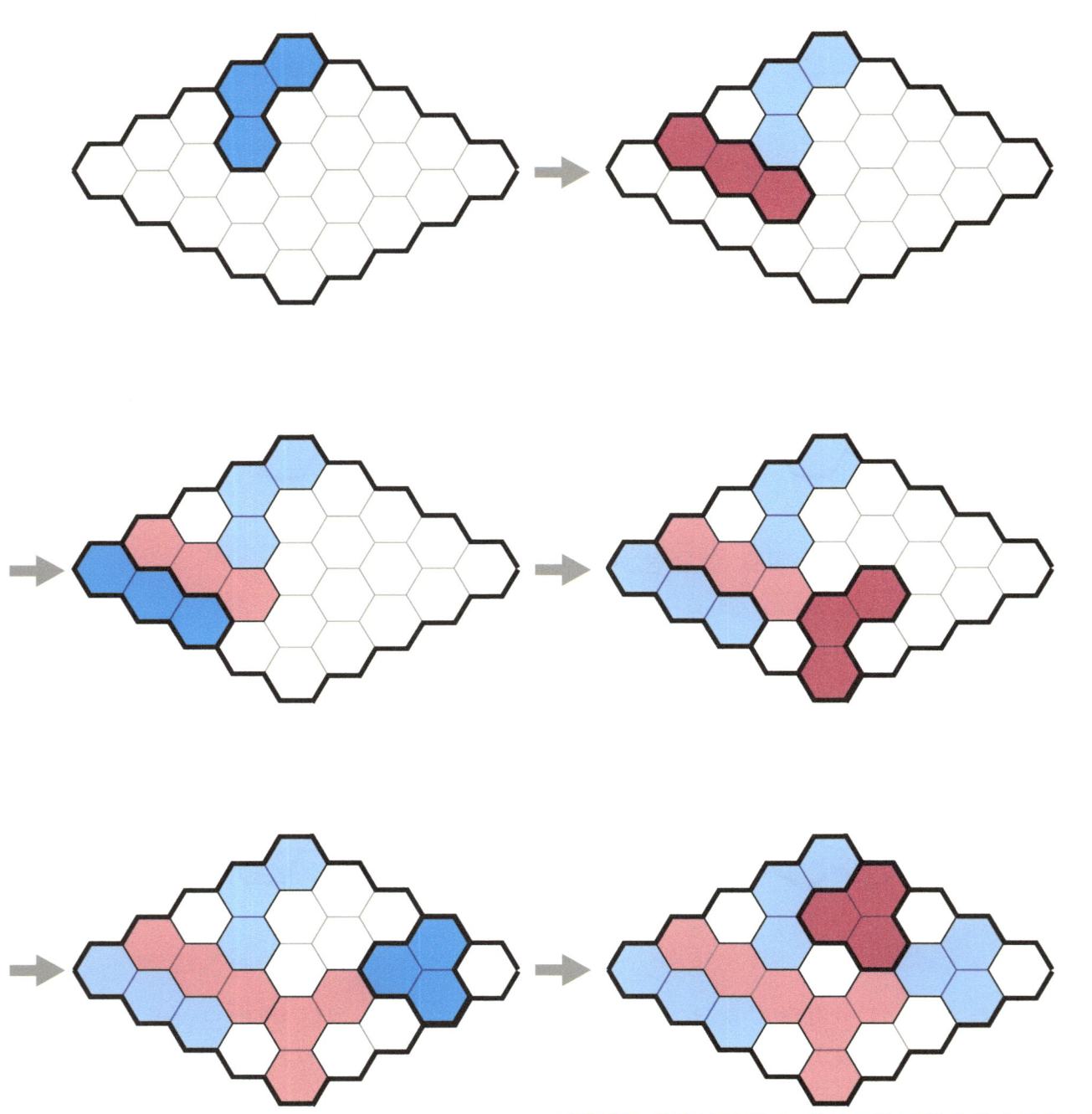

파란색이 더이상 그릴 수 없으므로 빨간색이 승리하였다

트리아몬드 놀이

놀이진행 **81칸 트리아몬드**

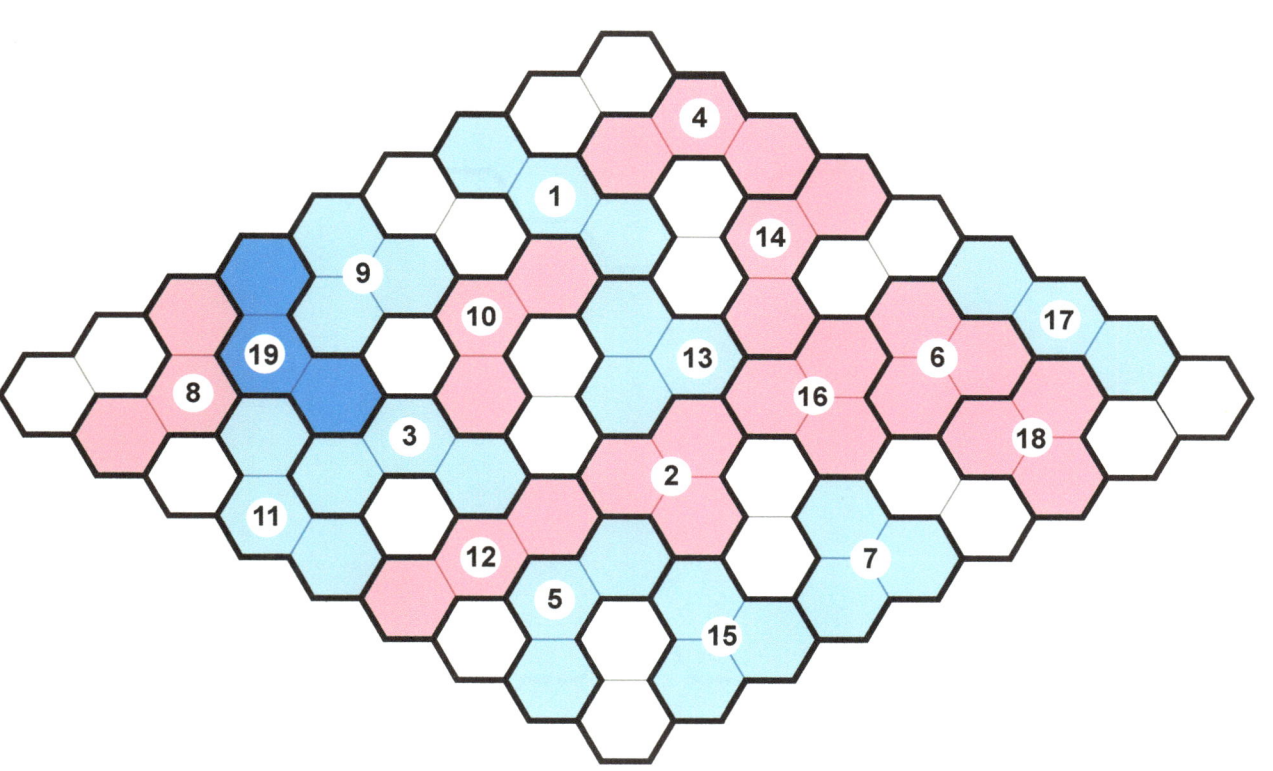

마지막 19번 파란색 다음에 빨간색이 더이상 그릴 자리가 없어 파란색이 승리하였다.

트리아몬드 놀이(25칸)

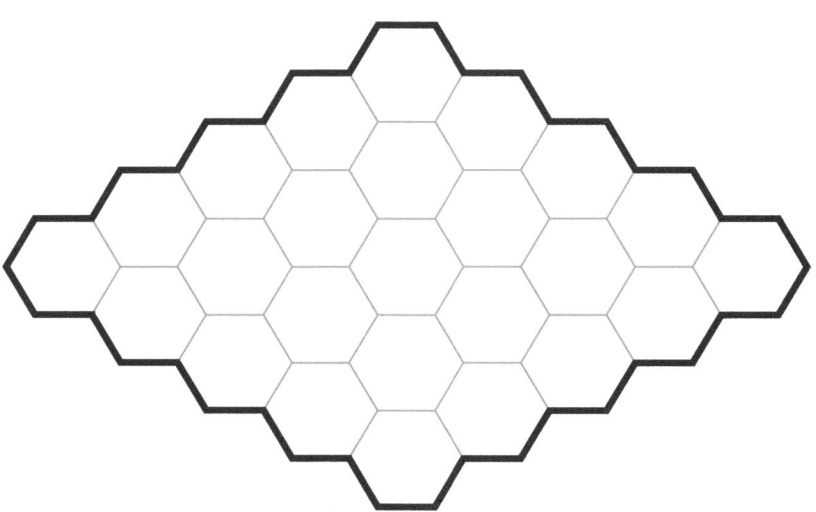

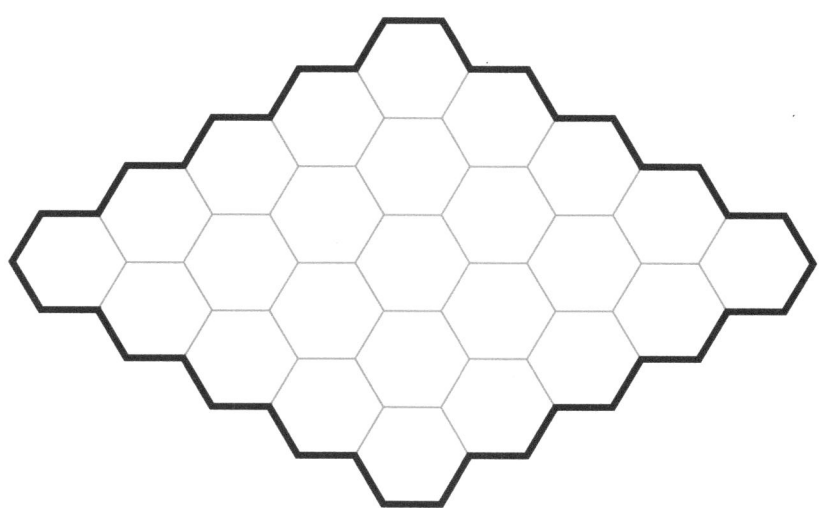

트리아몬드 놀이(49칸)

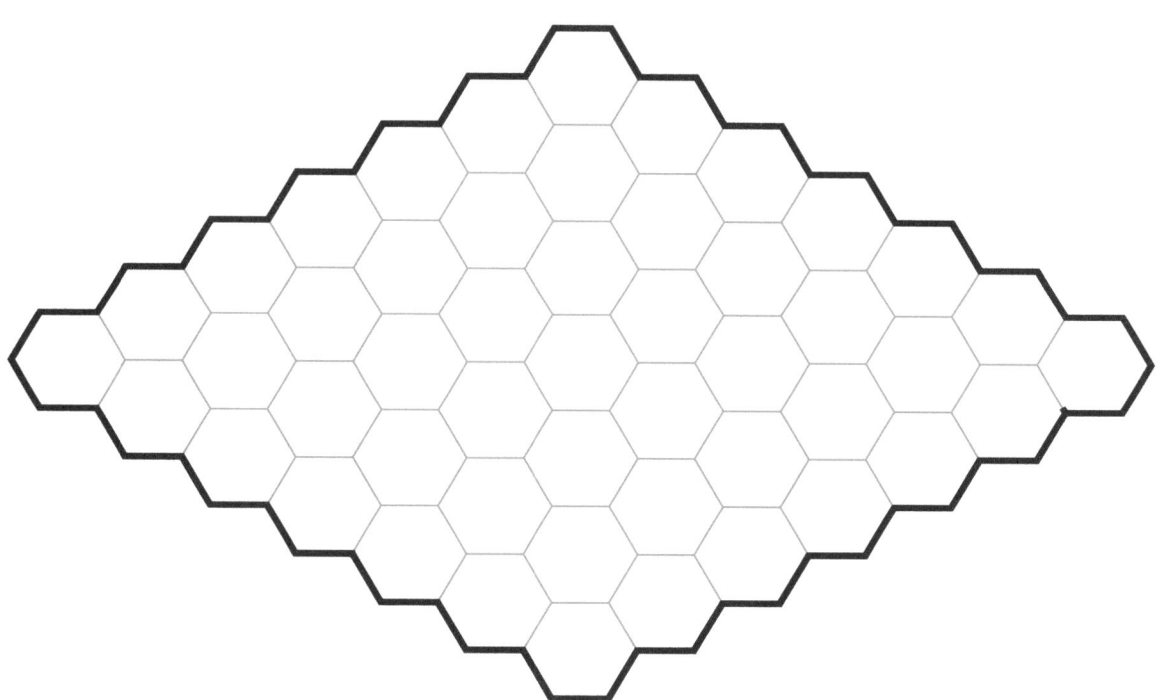

트리아몬드 놀이(81칸)

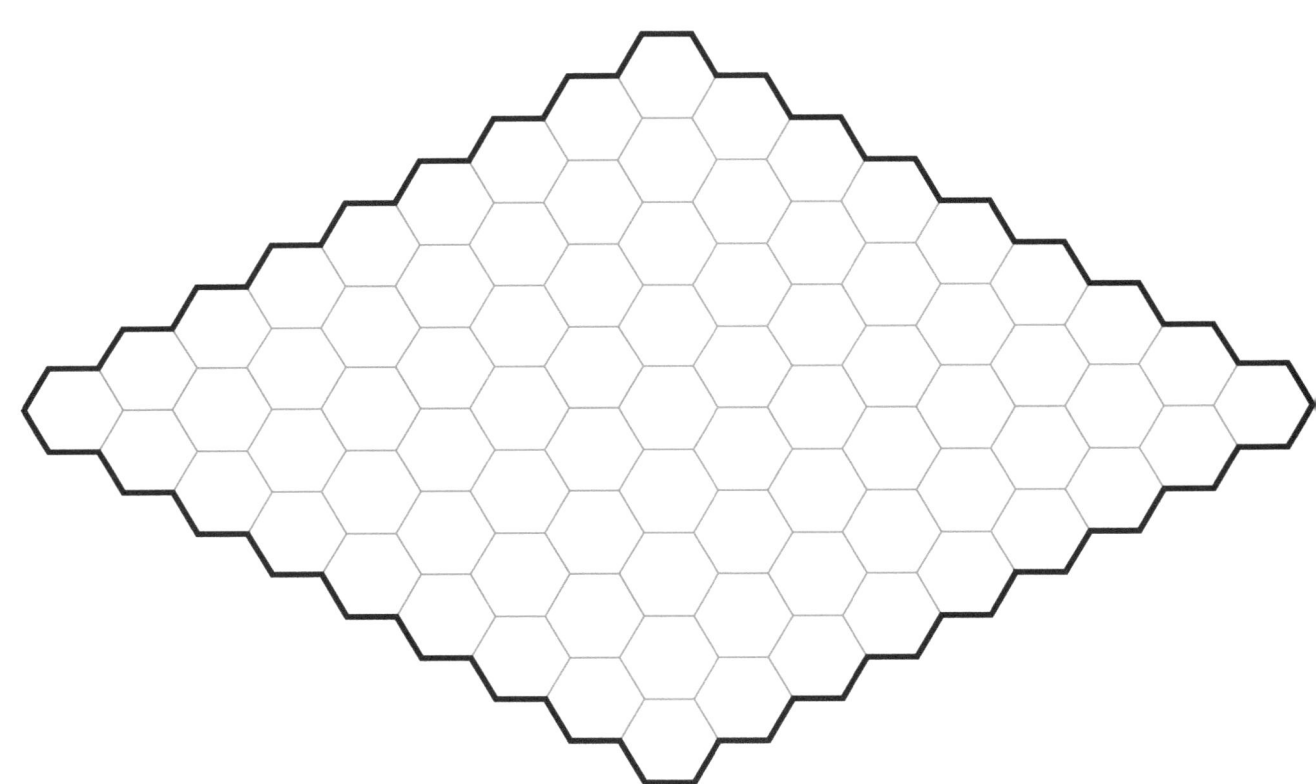

십자블록 깔기

놀이목표

상대방이 십자블록을 그리지 못하도록 하는 게임이다.

놀이방법

1. 서로 번갈아가며 놀이판의 빈 칸에 십자블록을 그린다.

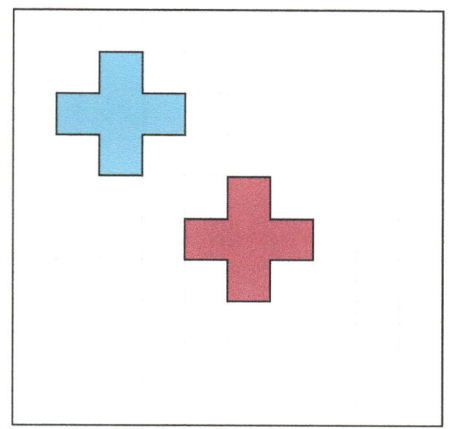

2. 더 이상 십자블록을 그릴 수 없는 사람이 지게 된다.

Tip

공간 지각력이 필요한 게임이다.
역으로 서로 다른 색으로 십자블록을 그려 많은 블록을 그린 사람이 승리하는 게임으로 진행해도 된다.

십자블록 깔기

놀이진행

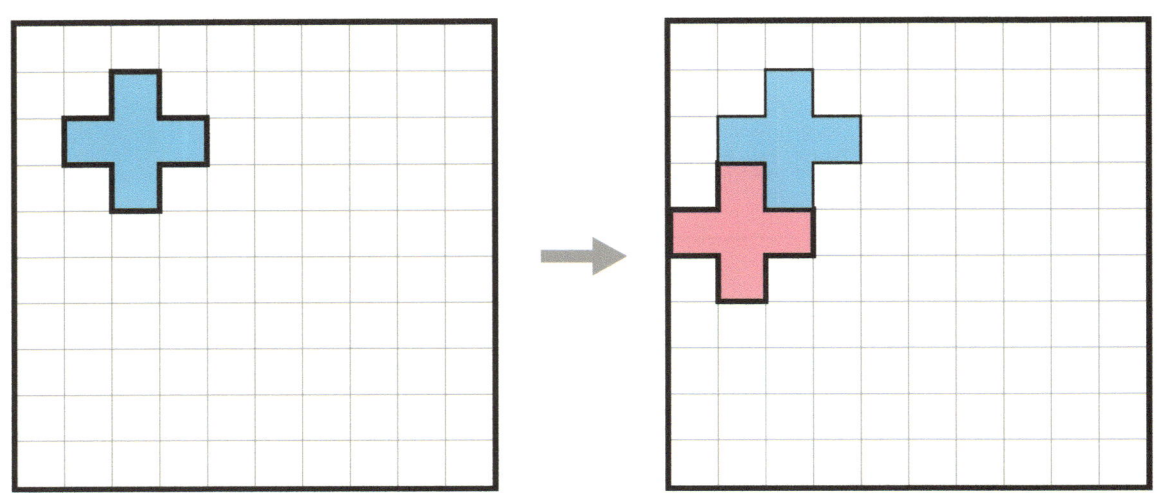

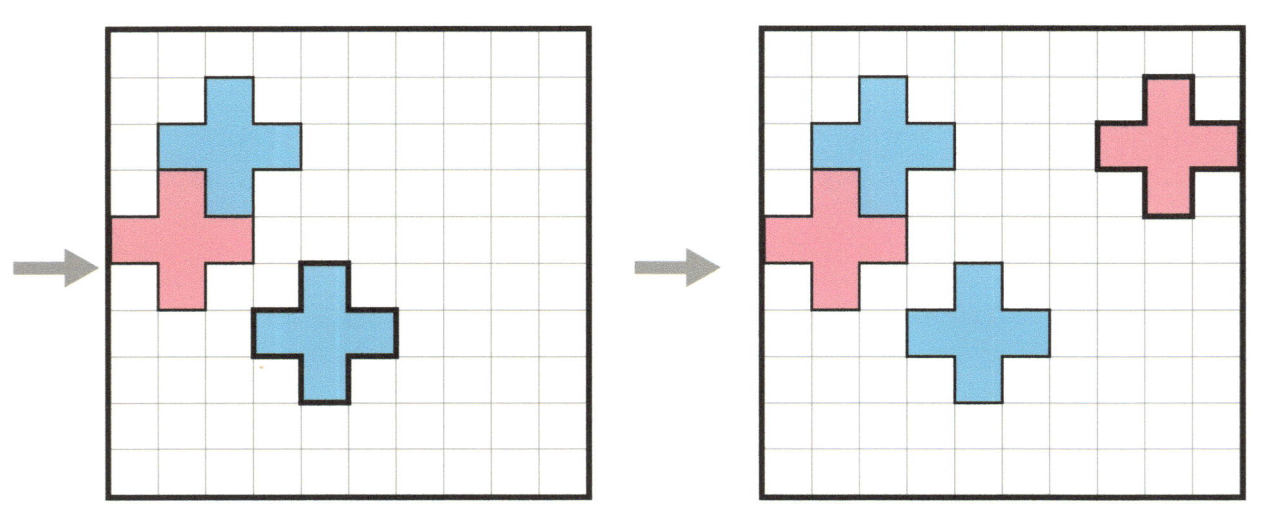

십자블록 깔기

놀이진행

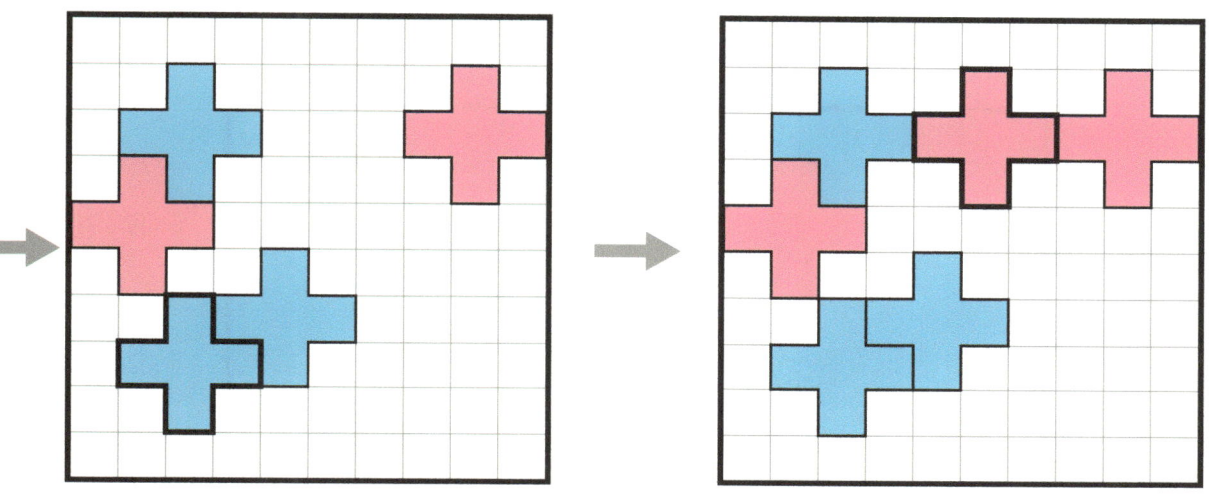

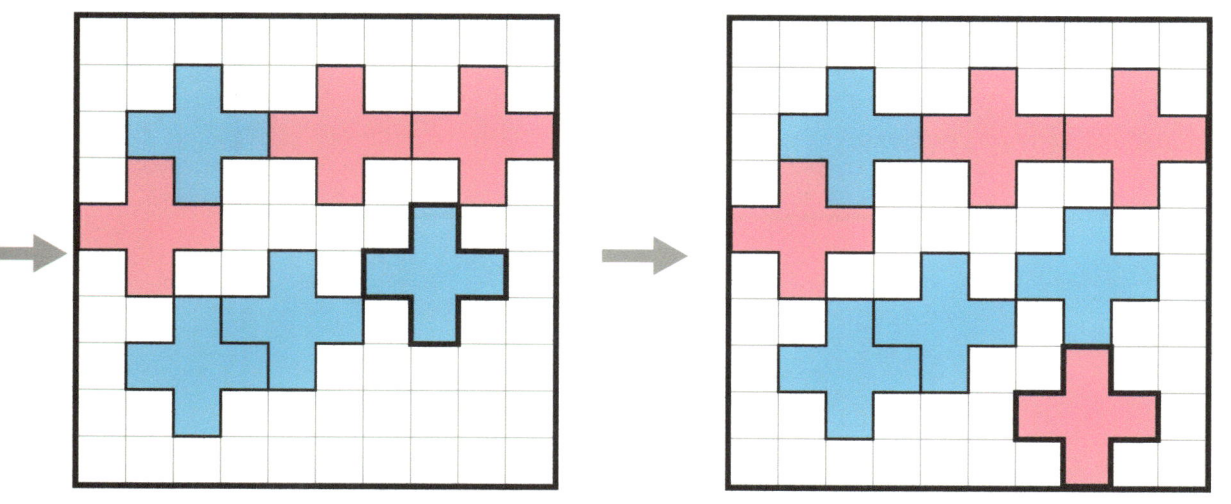

더이상 십자블록을 그릴 자리가 없으므로 다음 차례가 지게 된다.

십자블록 깔기

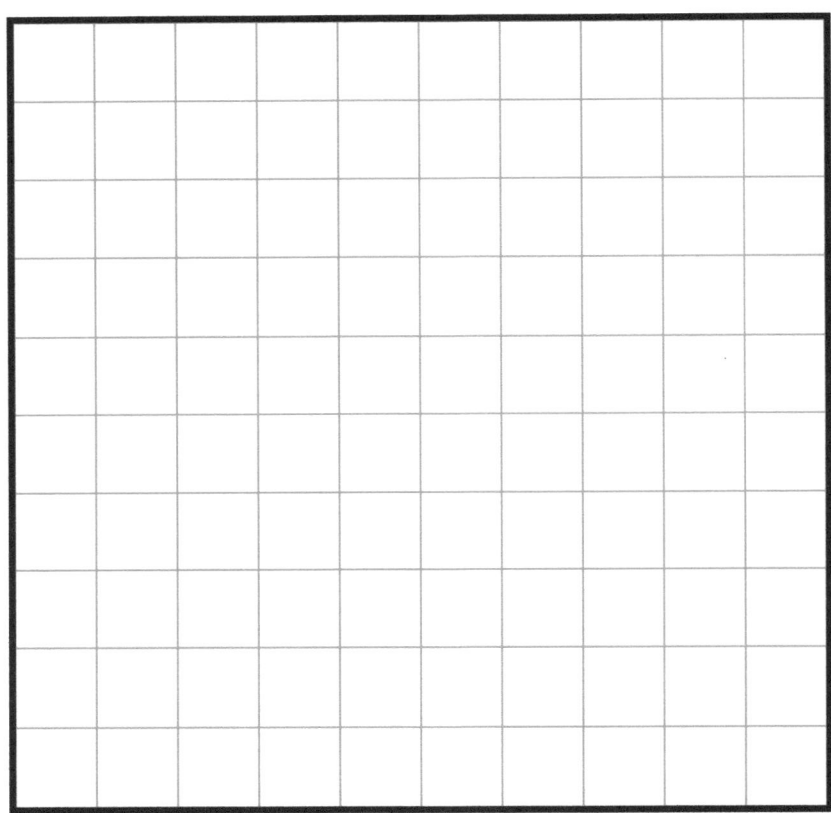

트리오미노 덮기

놀이목표

놀이판을 트리오미노로 채우면서 상대가 더이상 그릴 수 없게 하는 게임이다.

놀이방법

1. 번갈아가며 놀이판에 트리오미노를 그린다.
2. 그림은 중복 사용할 수 있다.
3. 트리오미노를 그릴 때는 아래처럼 돌리거나 뒤집어도 된다.

   예)

4. 더이상 트리오미노를 그릴 수 없는 사람이 지게 된다.

모양관찰

트리오미노는 정사각형 3개를 조합하여 만든 모양으로 모두 2 가지가 있다.
모양을 익혀 두면 게임하는데 유리하다.

Tip

공간을 채우는 게임이다.
5X5놀이판에서 시작한 후 8X8 놀이판으로 넘어간다.
공간지각력을 기르는데 유용한 게임이다.

트리오미노 덮기

놀이진행 5X5 트리오미노 덮기

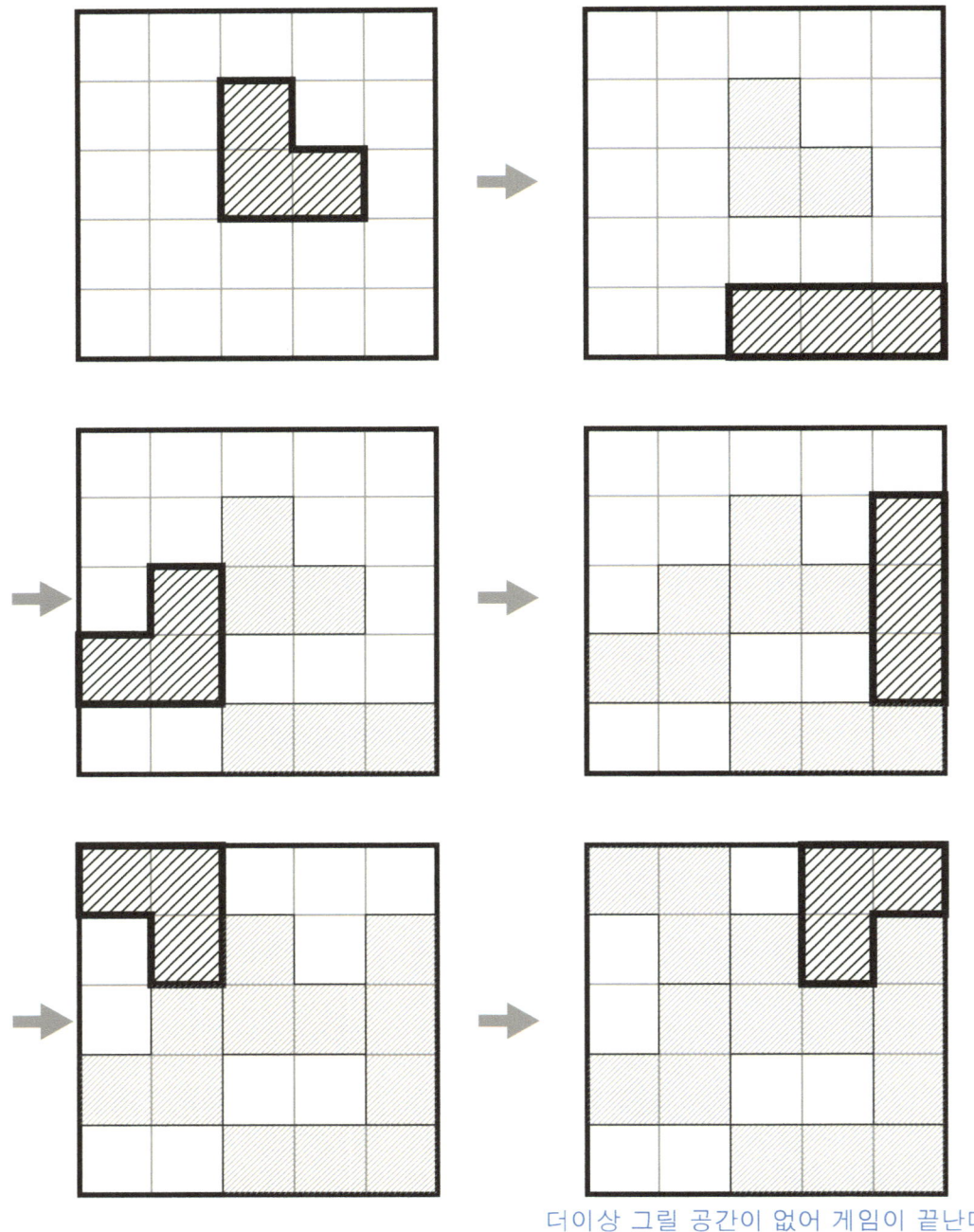

더이상 그릴 공간이 없어 게임이 끝난다.

트리오미노 덮기(5X5)

트리오미노 덮기(8X8)

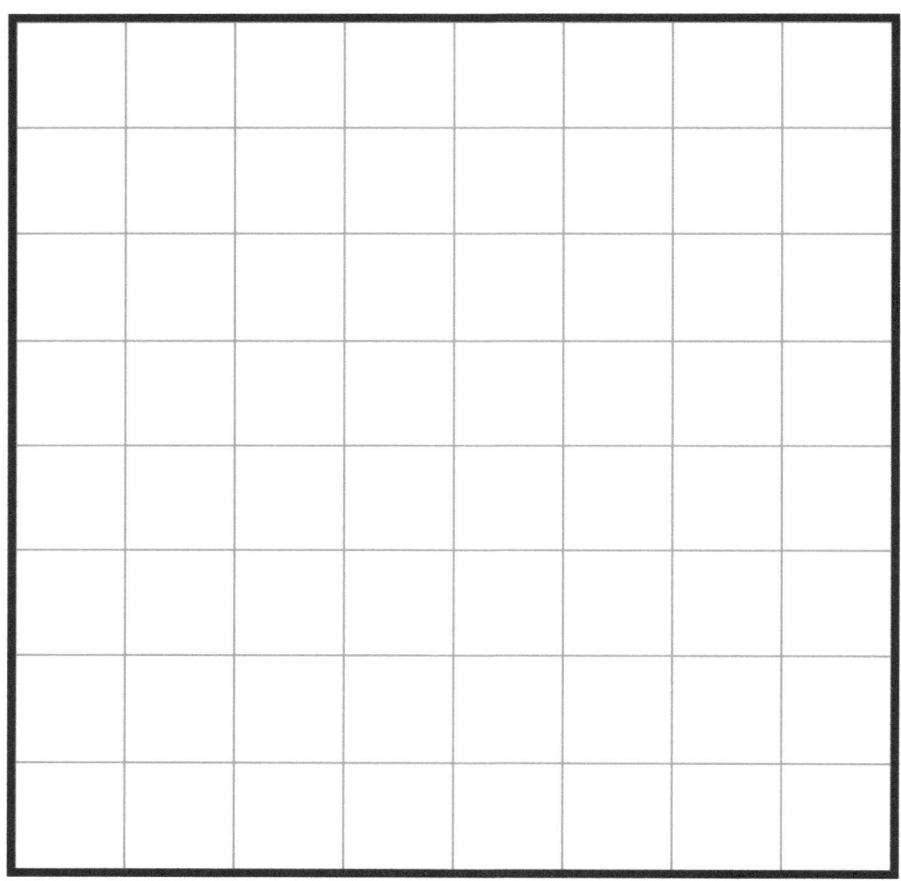

테트로미노 덮기

놀이목표

놀이판을 테트로미노로 채우면서 상대가 더이상 그릴 수 없게 하는 게임이다.

놀이방법

1. 번갈아가며 놀이판에 테트로미노를 그린다.
2. 그림은 각자 테트로미노 한세트씩만 사용할 수 있다.
3. 테트로미노를 그릴 때는 아래처럼 돌리거나 뒤집어도 된다.

예)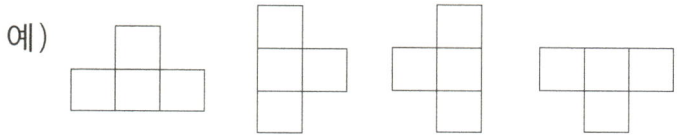

4. 사용한 그림은 중복 사용하지 않도록 X표를 치며 지워 나간다.
5. 더이상 테트로미노를 그릴 수 없는 사람이 지게 된다.

모양관찰

테트로미노는 정사각형 4개를 조합하여 만든 모양으로 모두 5가지가 있다.
모양을 익혀 두면 게임하는데 유리하다.

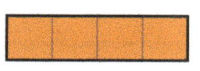 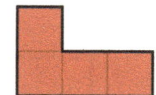 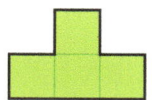 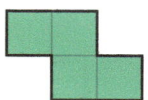 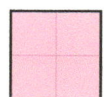

Tip

공간을 채우는 게임이다.
공간지각력을 기르는데 유용한 게임이다.

테트로미노 덮기

놀이진행

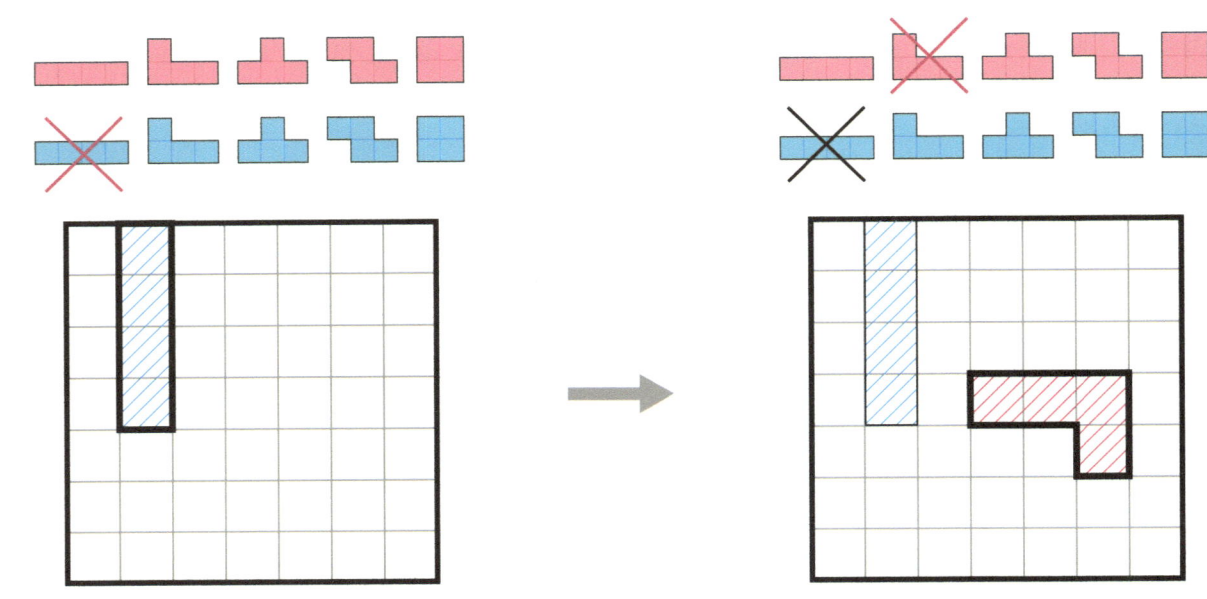

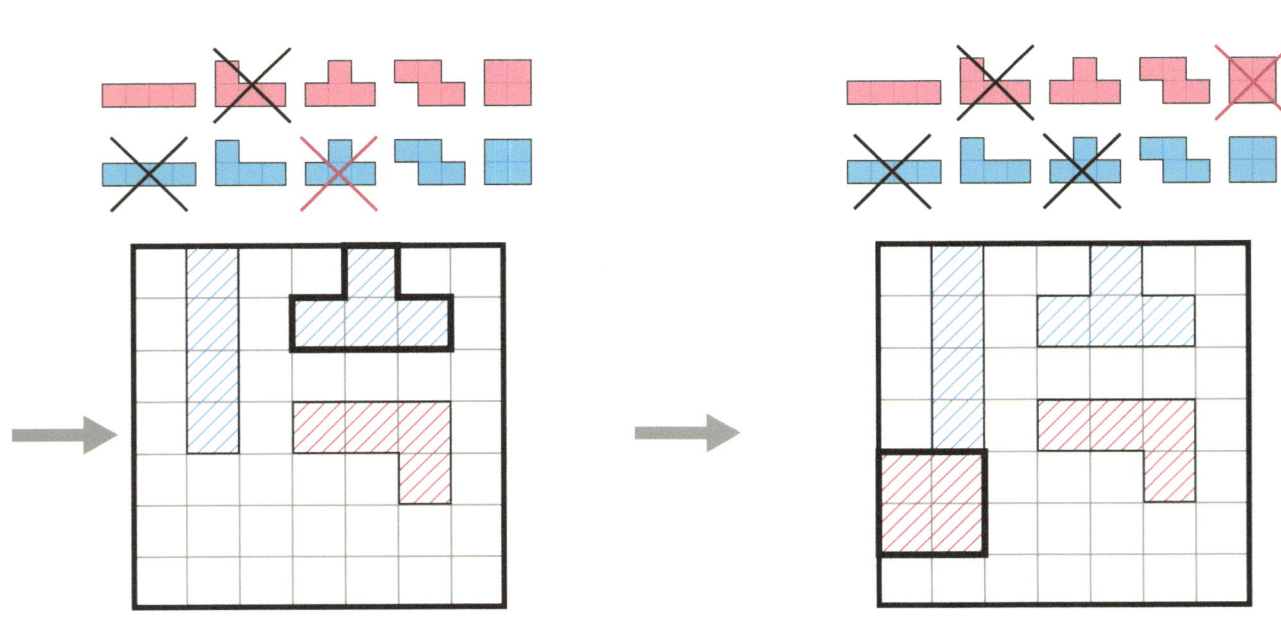

테트로미노 덮기

놀이진행

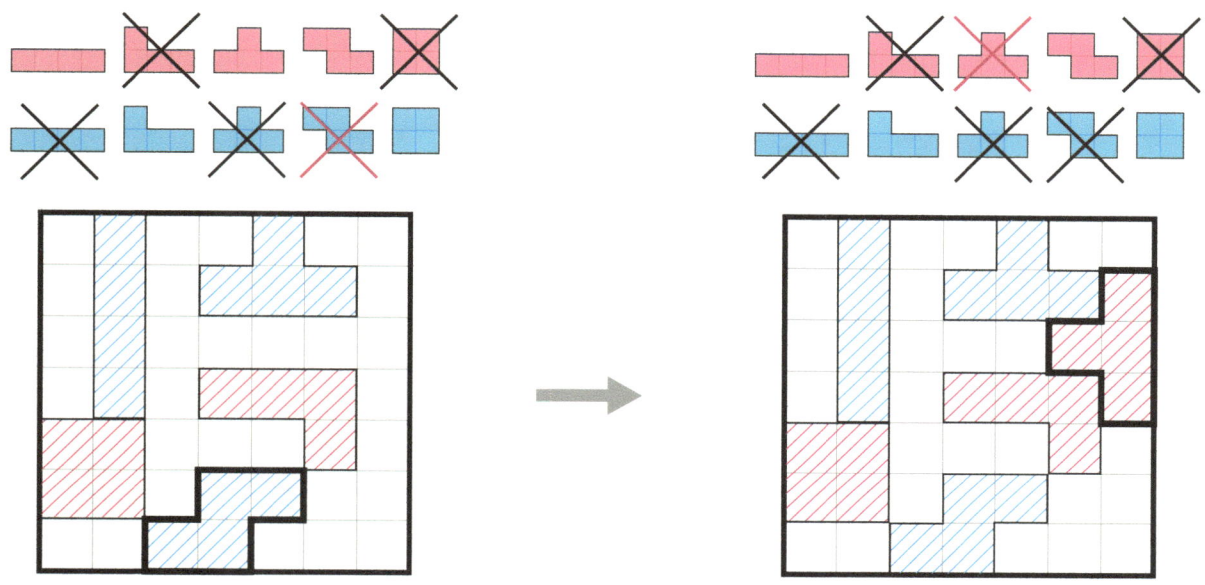

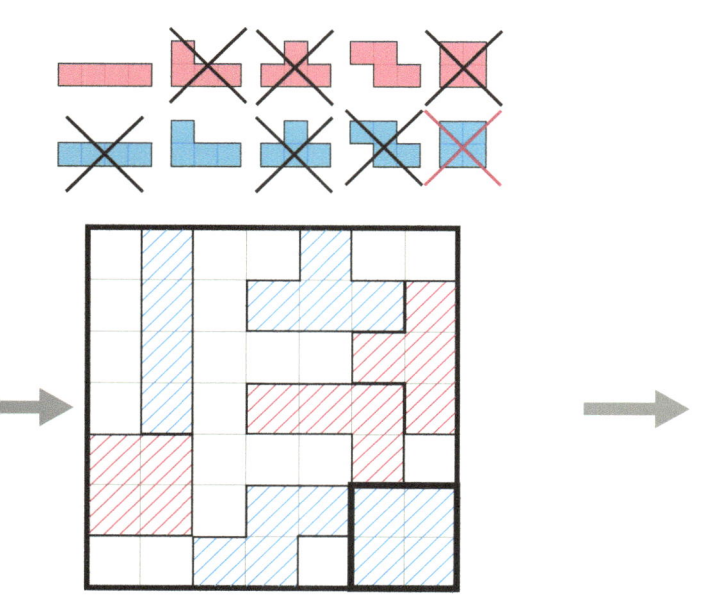

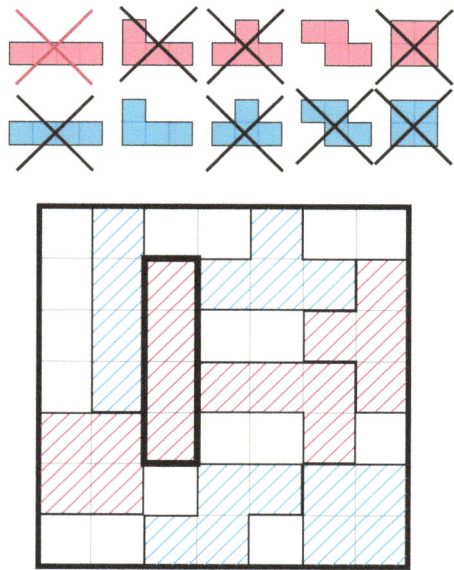

빈 공간은 많지만 사용하지 않은 파란색을 놓을 자리가 없어 게임이 끝났다.

테트로미노 덮기(6X7)

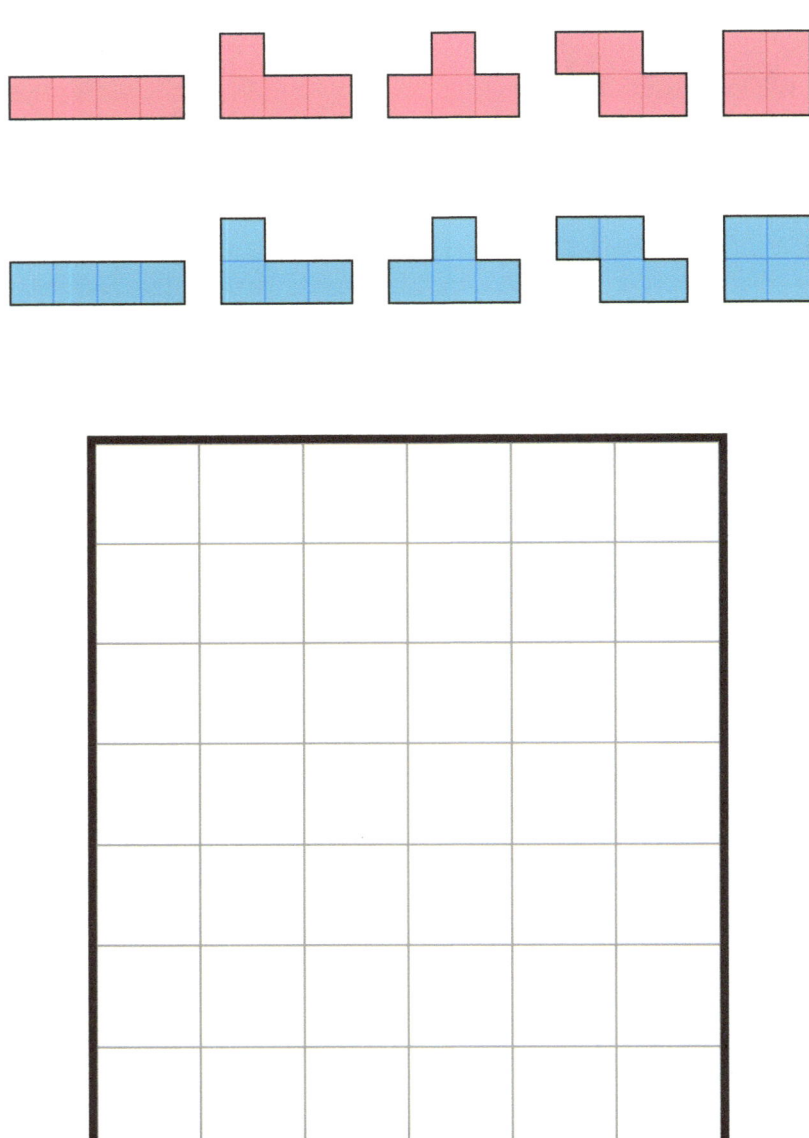

테트로미노 덮기(4X10)

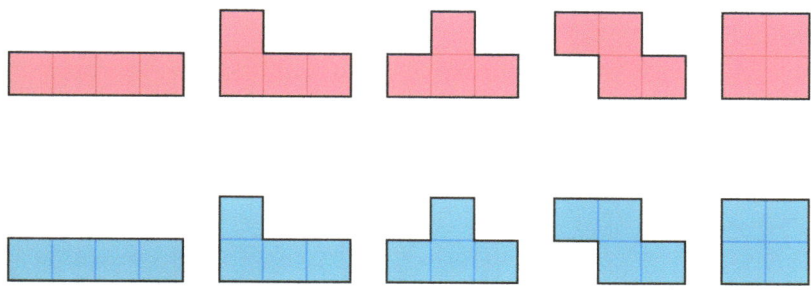

테트로미노 덮기(5X8)

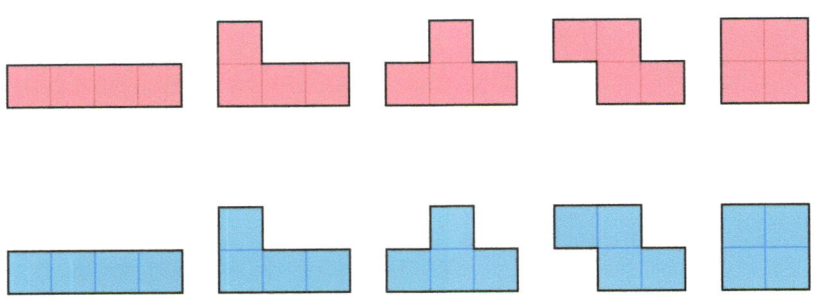

정육면체 전개도 덮기

놀이목표

놀이판을 정육면체 전개도로 채우면서 상대가 더이상 그릴 수 없게 하는 게임이다.

놀이방법

1. 번갈아가며 놀이판에 정육면체 전개도를 그린다.
2. 사용한 그림은 중복 사용하지 않도록 X표를 치며 지워 나간다.
3. 정육면체 전개도를 그릴 때는 아래처럼 돌리거나 뒤집어도 된다.

예)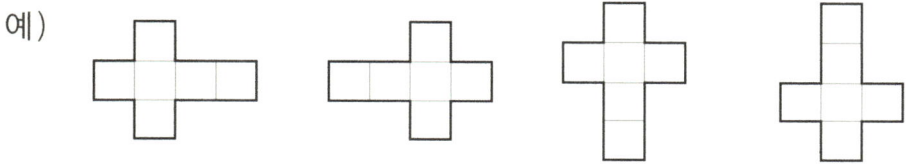

4. 더이상 정육면체 전개도를 그릴 수 없는 사람이 지게 된다.

모양관찰

정육면체 전개도는 정사각형 6개를 조합하여 만든 모양으로 모두 11가지가 있다. 모양을 익혀 두면 게임하는데 유리하다.

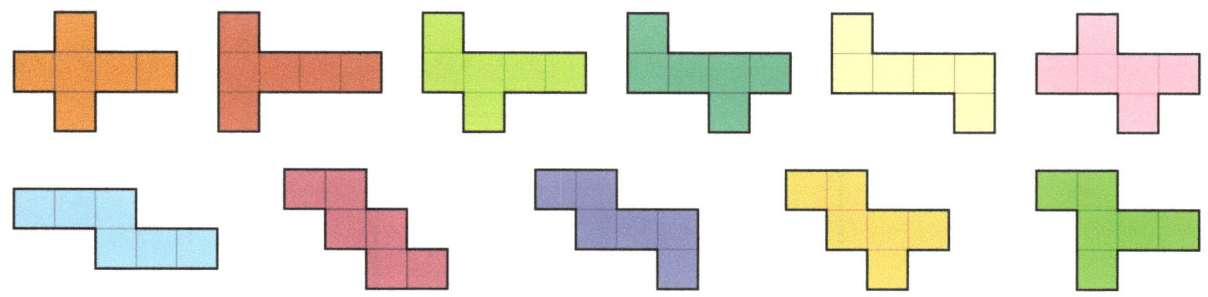

Tip

정육면체 전개도의 모양을 익히는데 도움이 되는 게임이다.
공간지각력을 기르는데 도움이 된다.

정육면체 전개도 덮기

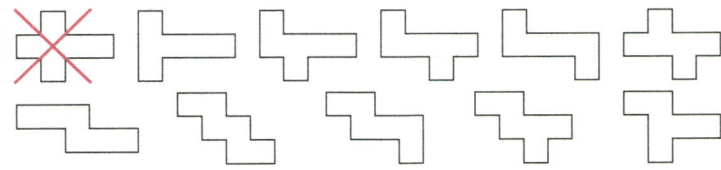

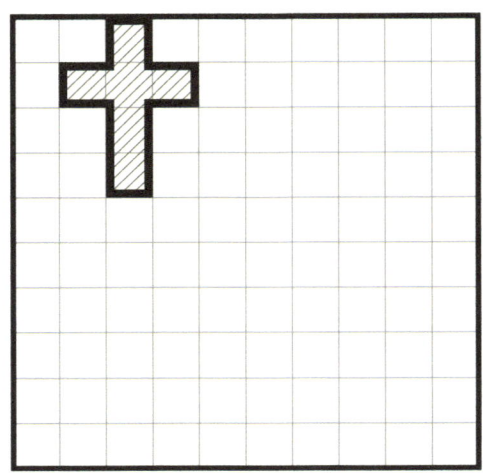

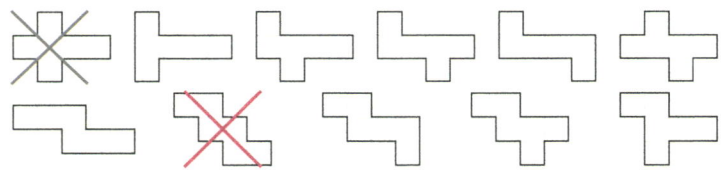

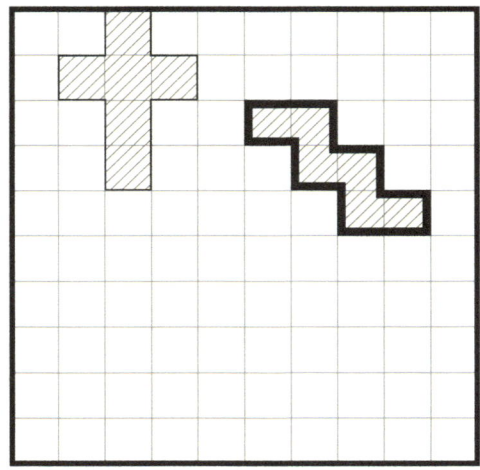

정육면체 전개도 덮기

놀이진행

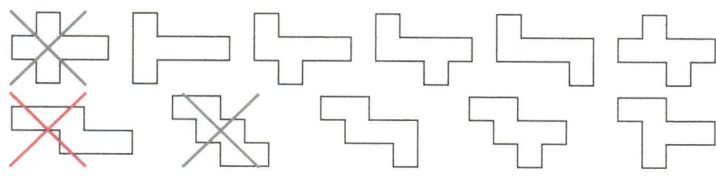

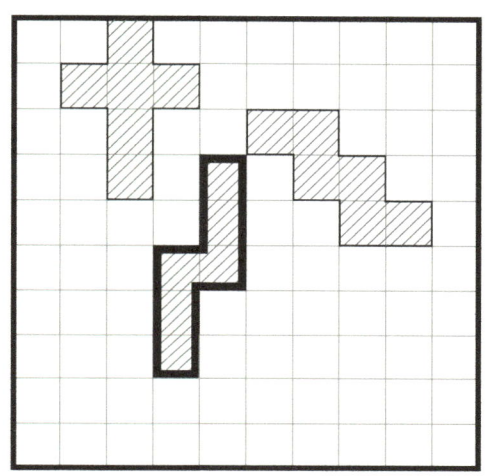

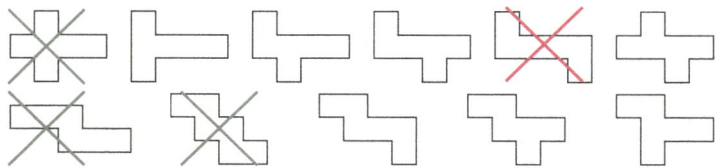

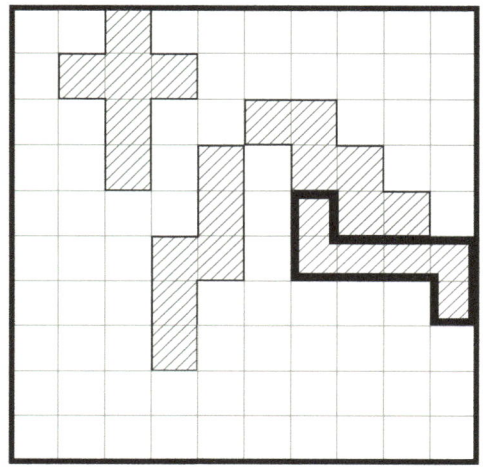

정육면체 전개도 덮기

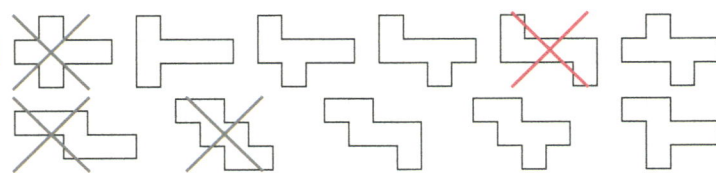

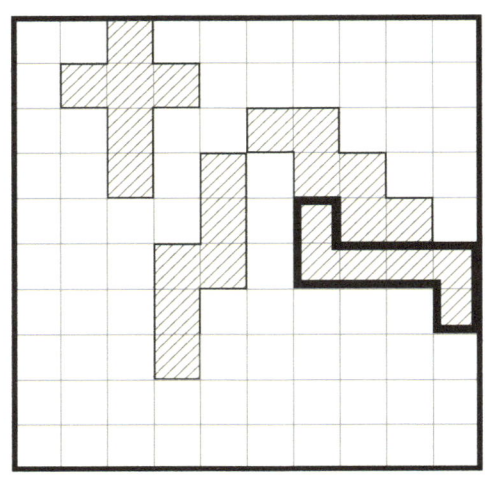

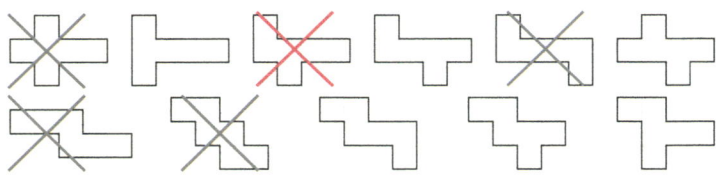

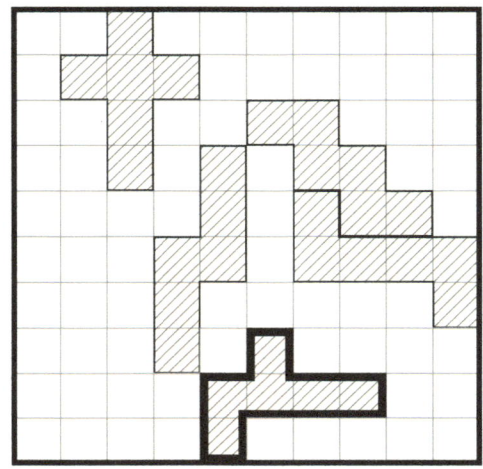

정육면체 전개도 덮기

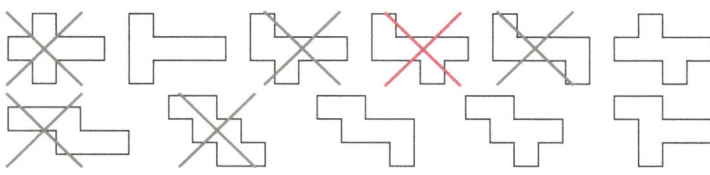

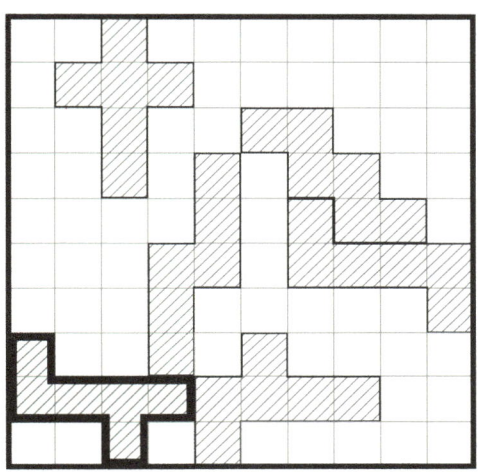

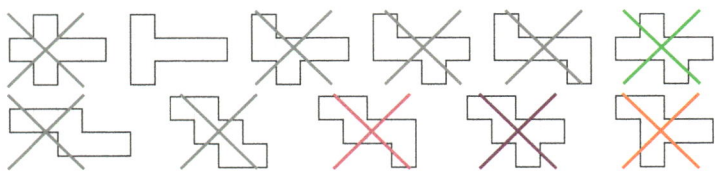

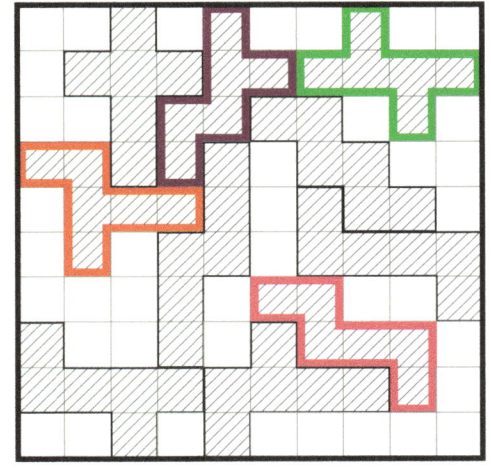

정육면체 전개도 덮기

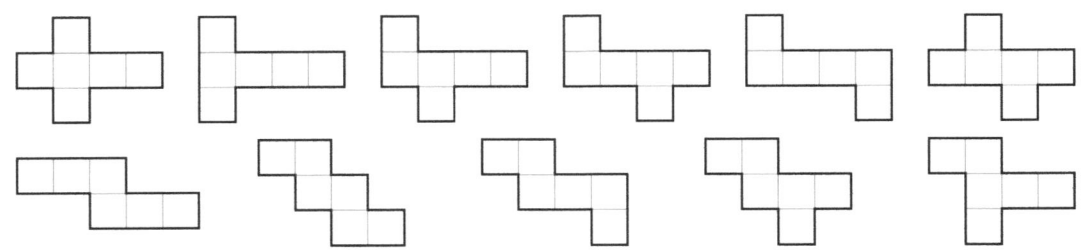

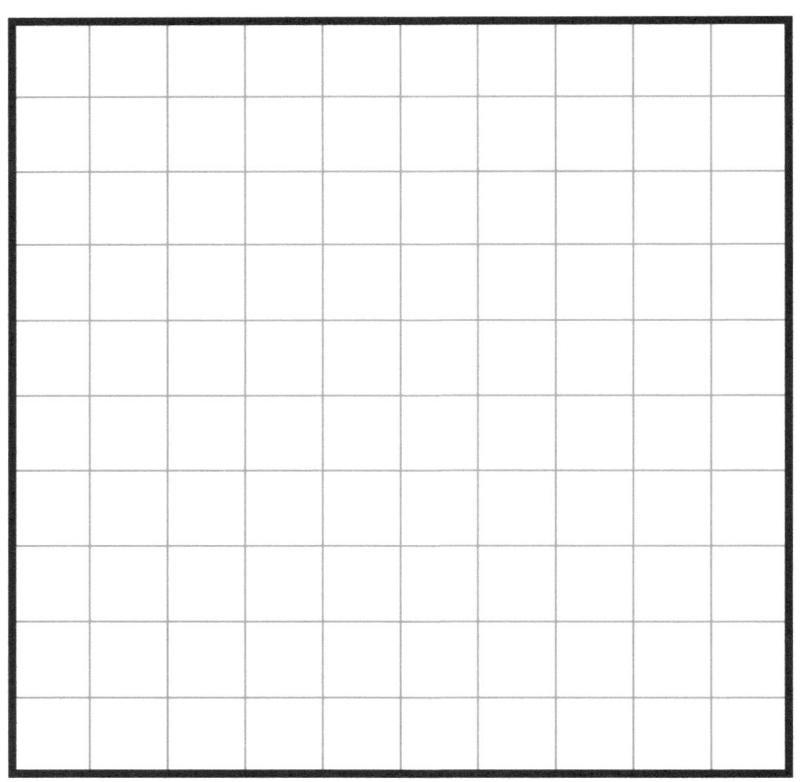

같은 모양 찾기

놀이목표

여러가지 도형이 섞여 있을 때 서로 같은 모양을 찾는 게임이다.

놀이방법

1. 게임을 하는 순서는 정해져 있지 않다.

2. 섞여 있는 조각들 중 같은 모양 세 개를 먼저 찾는다.

3. 같은 모양을 찾으면 같은 모양끼리 표시(동그라미나 세모 등등)를 한다.

4. 도형은 돌리거나 뒤집어도 같은 모양으로 간주한다.

예)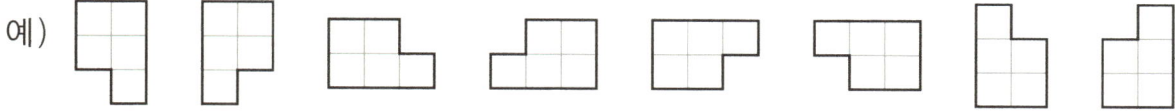

5. 많이 찾는 사람이 이기게 된다.

6. 틀린 모양을 찾으면 진 것으로 하여도 된다.

Tip

모양 인지 기능을 이용한 스피드 게임이다.
도형은 돌리거나 뒤집으면 서로 같은 모양인지 인지하기 쉽지 않다.
주의 깊게 살펴보고 같은 모양을 인지하여 찾는다.

같은 모양 찾기

모양관찰

- 펜토미노(12조각)

- 정육면체 전개도(11조각)

- 헥시아몬드(12조각)

같은 모양 찾기

같은 모양 펜토미노 찾기

아래 조각들 중 같은 모양 펜토미노는 모두 3쌍 있습니다. 찾아서 표시하세요.

같은 모양 찾기

같은 모양 펜토미노 찾기 해답

아래 조각들 중 같은 모양 펜토미노는 모두 3쌍 있습니다. 찾아서 표시하세요.

같은 모양 찾기

같은 모양 정육면체 전개도 찾기

아래 조각들 중 같은 모양 정육면체 전개도는 모두 3쌍 있습니다. 찾아서 표시하세요.

같은 모양 찾기

같은 모양 정육면체 전개도 찾기 해답

아래 조각들 중 같은 모양 정육면체 전개도는 모두 3쌍 있습니다. 찾아서 표시하세요.

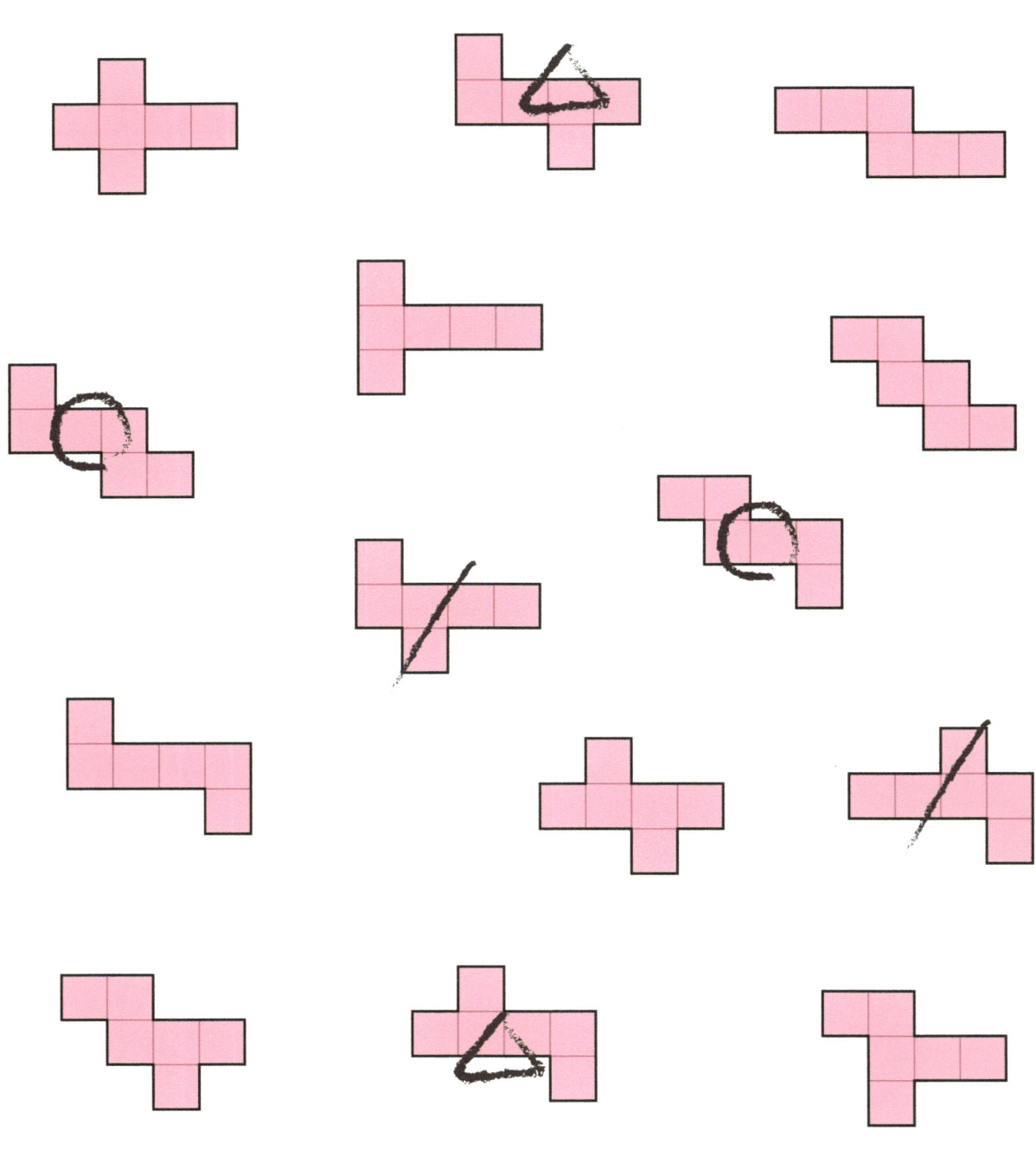

같은 모양 찾기

같은 모양 헥시아몬드 찾기

아래 조각들 중 같은 모양 헥시아몬드는 모두 3쌍 있습니다. 찾아서 표시하세요.

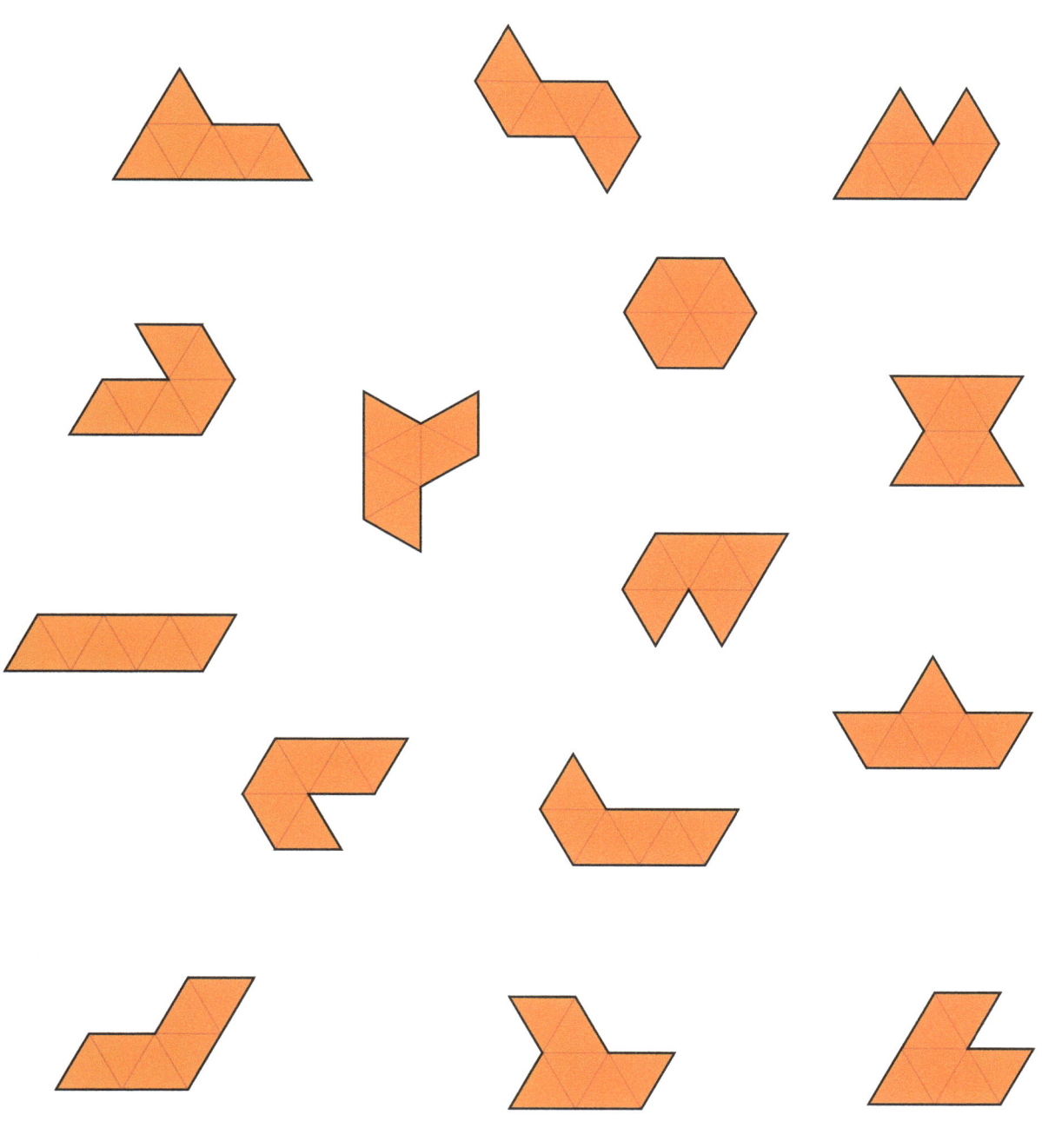

같은 모양 찾기

같은 모양 헥시아몬드 찾기 해답

아래 조각들 중 같은 모양 헥시아몬드는 모두 3쌍 있습니다. 찾아서 표시하세요.

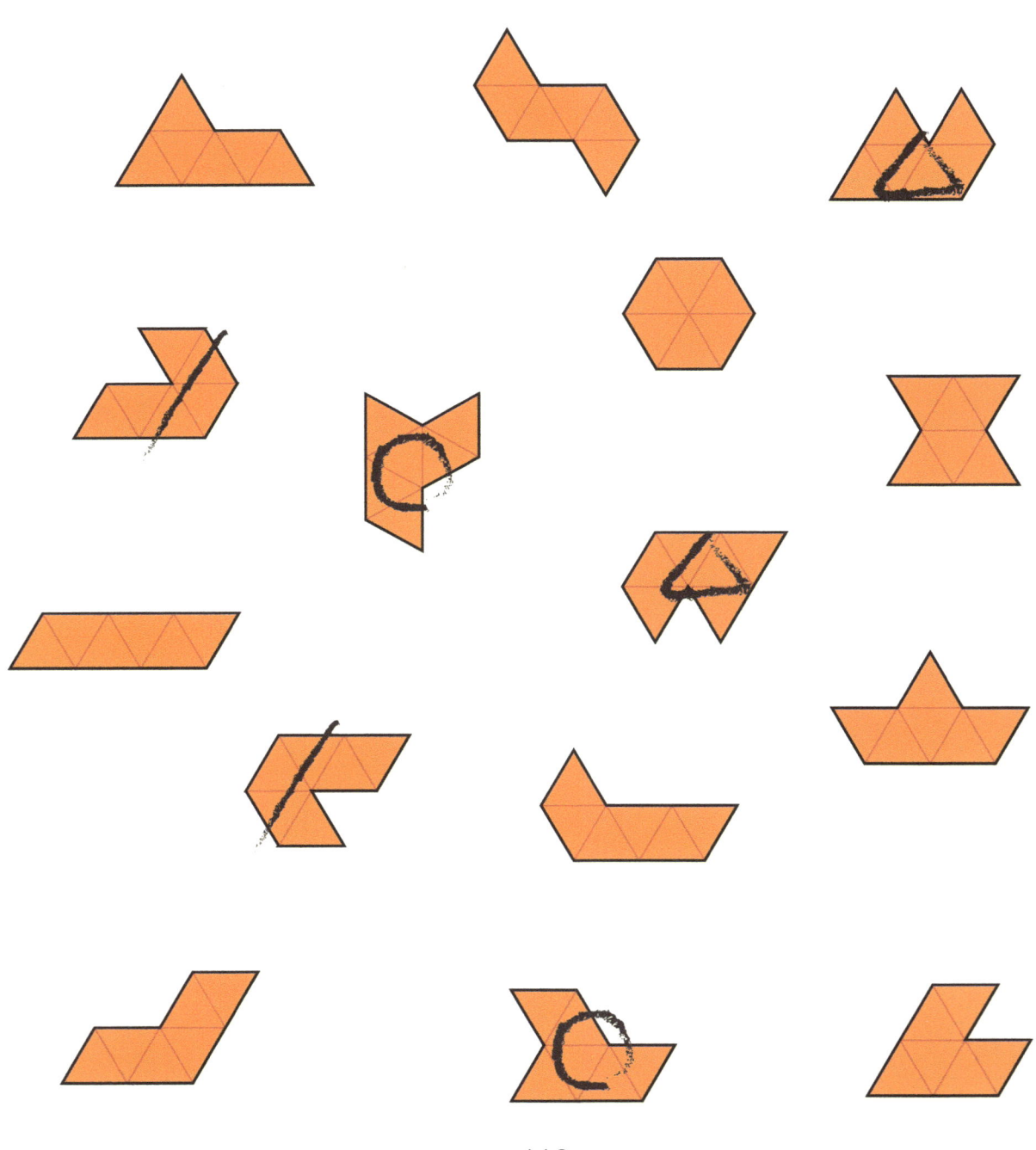

평면 나누기

▶ 삼각형 나누기
▶ 동그라미 나누기
▶ 교차점 만들기

삼각형 나누기

놀이목표

직선을 그어 삼각형을 정해진 조각으로 나누는 게임이다.

놀이방법

1. 서로 번갈아가며 직선을 그어 삼각형을 분할한다.
2. 내 차례에 직선을 그어 삼각형을 정해진 조각으로 나누면 이기게 된다.

6등분 예

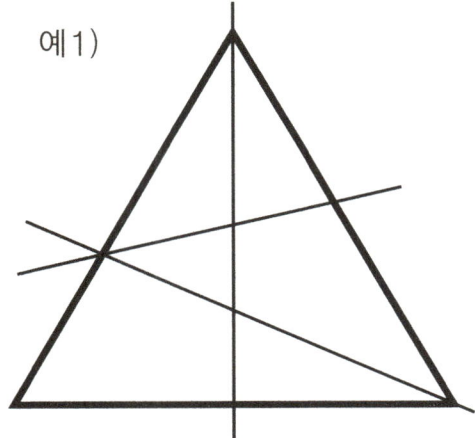

예1)

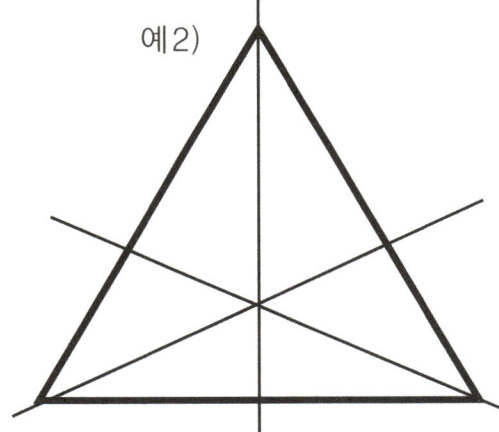

예2)

Tip

삼각형에 직선을 처음 그으면 두 조각이지만 선을 늘려갈수록 분할되는 조각의 수는 많아진다. 직선을 그을 때의 위치에 따라 기존에 있던 면이 한 번에 두개, 네개, 여섯개로도 늘어날 수도 있다.

삼각형 나누기

놀이규칙

1. 선을 나눌 때는 반드시 삼각형의 세 개의 꼭짓점에서 세 변을 통과해서 나눠야 한다.

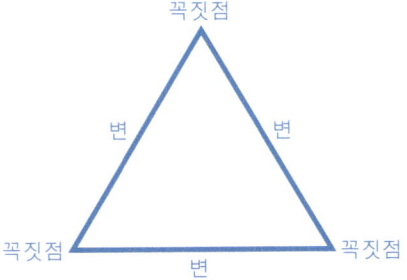

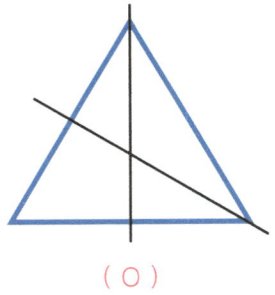
(O)

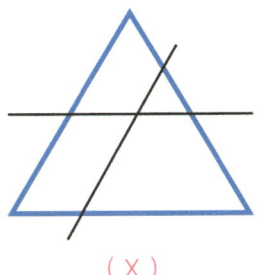
(X)

2. 선을 나눌때는 반드시 꼭짓점이나 나눈 선과 선이 만나는 꼭짓점에서 삼각형의 세 변이나 선과 선이 만나는 지점을 통과하여 나누어야 한다.

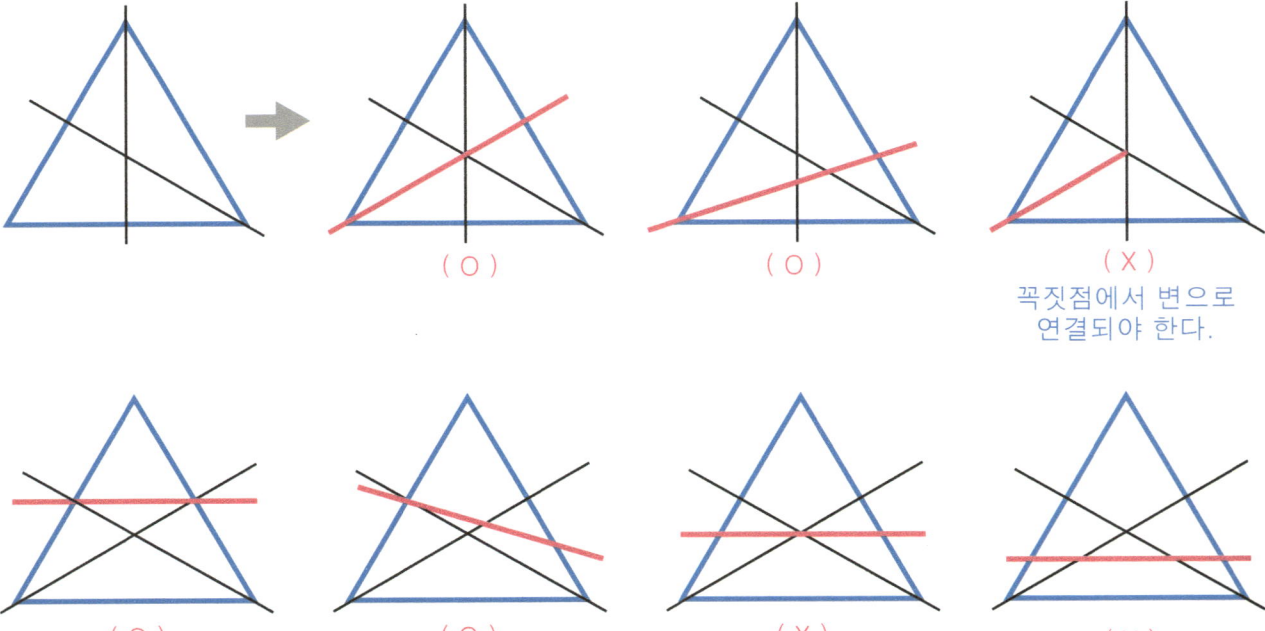

삼각형 나누기

놀이진행 10조각으로 나누기

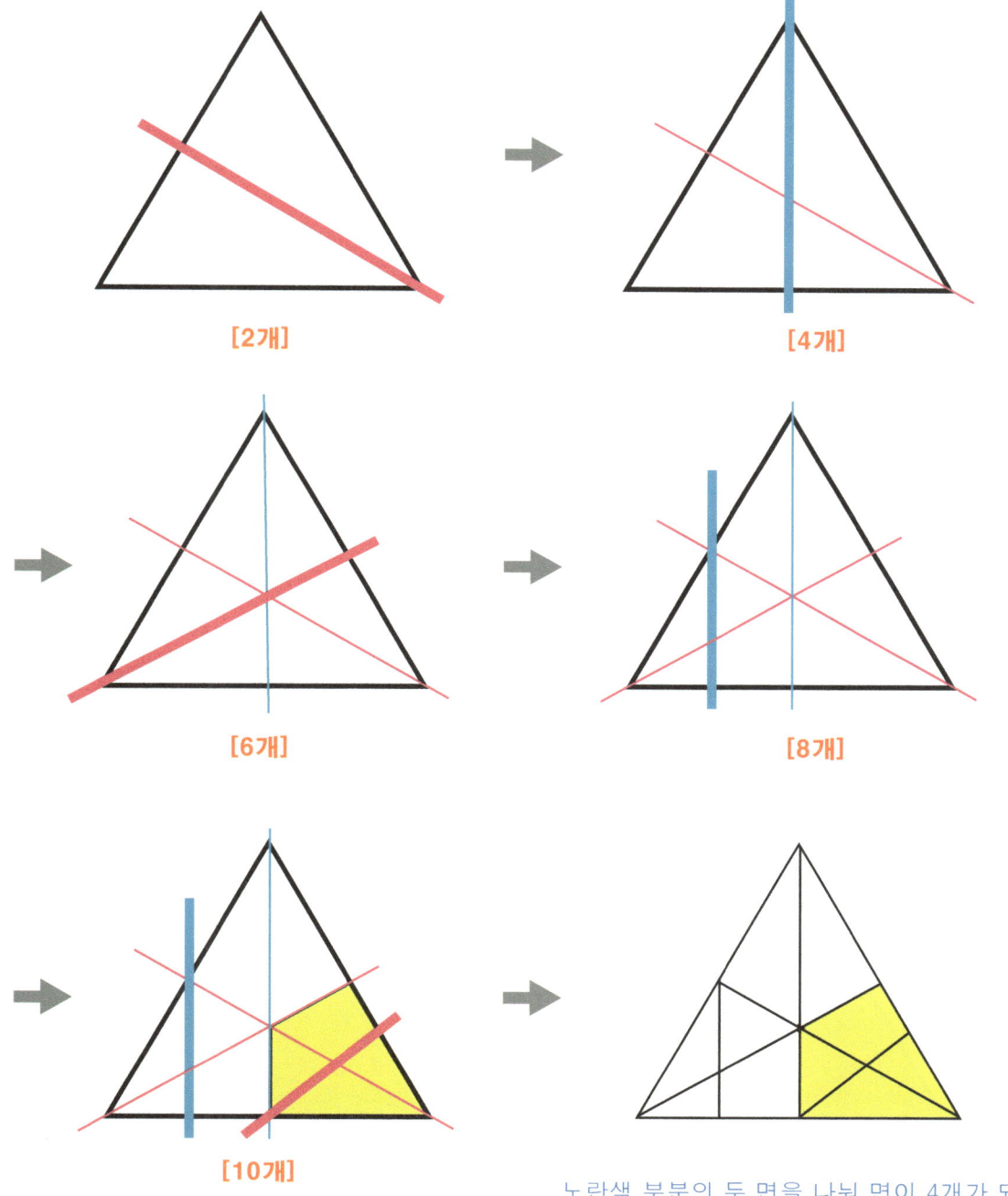

노란색 부분의 두 면을 나눠 면이 4개가 되어 삼각형이 8개에서 10개로 면이 나누어 졌다.

삼각형 나누기

놀이진행 12조각으로 나누기

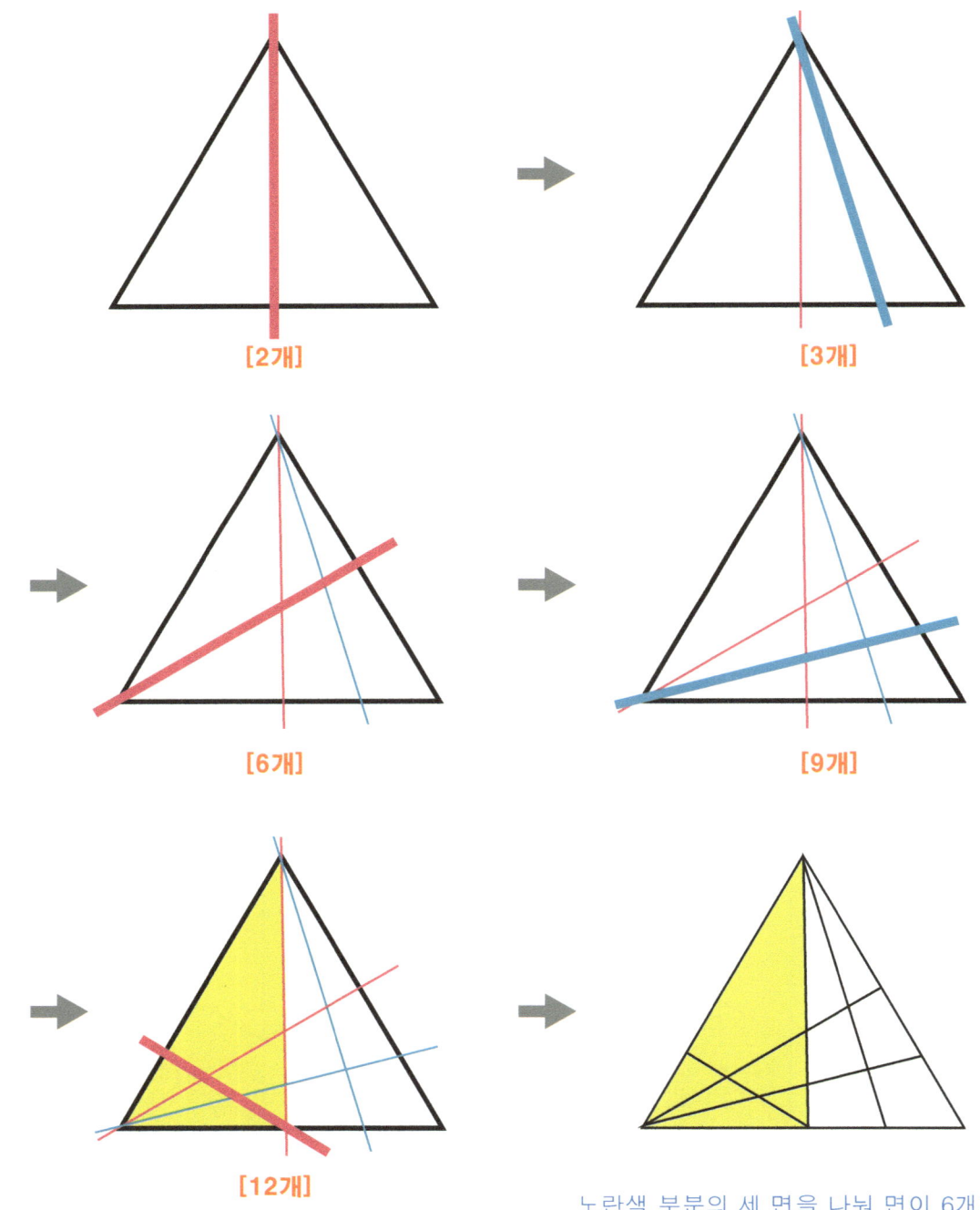

노란색 부분의 세 면을 나눠 면이 6개가 되어 삼각형이 9개에서 12개로 면이 나누어 졌다.

삼각형 나누기(6조각으로 나누기)

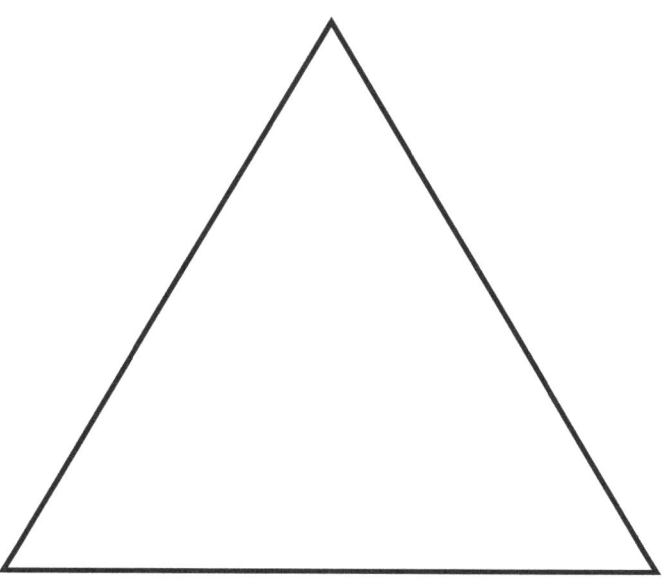

삼각형 나누기(9조각으로 나누기)

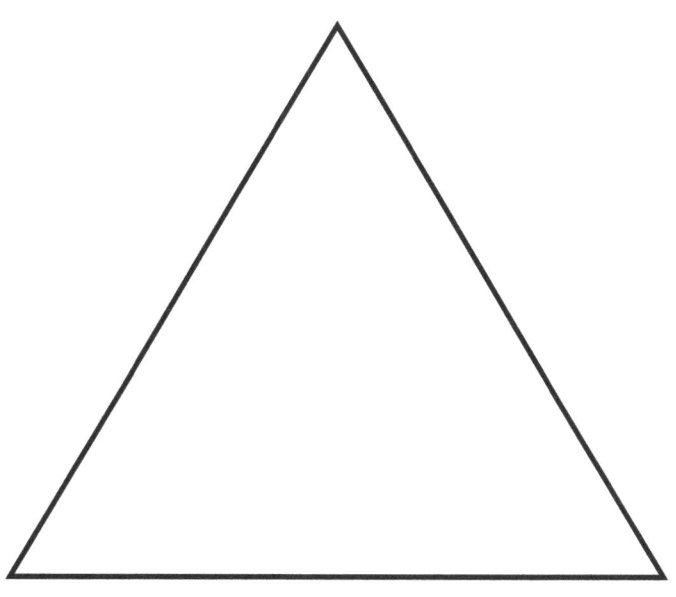

삼각형 나누기(15조각으로 나누기)

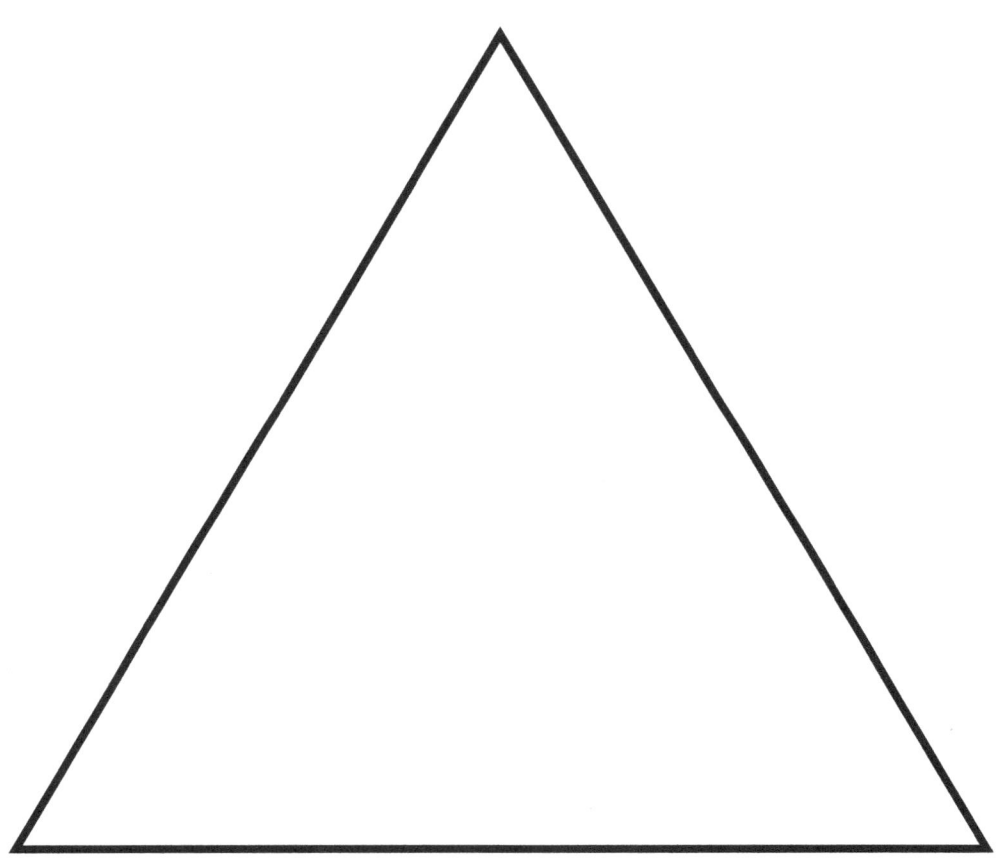

동그라미 나누기

놀이목표

직선을 그어 원을 정해진 조각으로 나누는 게임이다.

놀이방법

1. 서로 번갈아가며 직선을 그어 원을 분할한다.
2. 내 차례에 직선을 그어 원을 정해진 조각으로 나누면 승리한다.

16등분 예   직선을 그어 원을 16조각으로 나누는 게임이다.

예1)

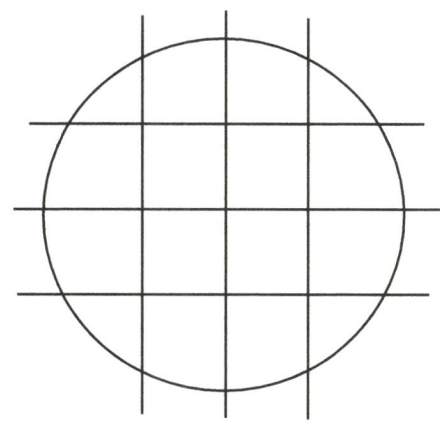

예2)

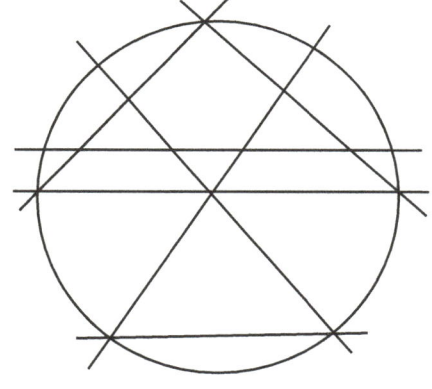

Tip

원에 직선을 처음 그으면 두 조각이지만 선을 늘려갈수록 분할되는 조각의 수는 많아진다. 직선을 그을 때의 위치에 따라 기존에 있던 면이 한 번에 두개, 네개, 여섯개로도 늘어날 수 있다.

동그라미 나누기

놀이진행 12조각으로 나누기

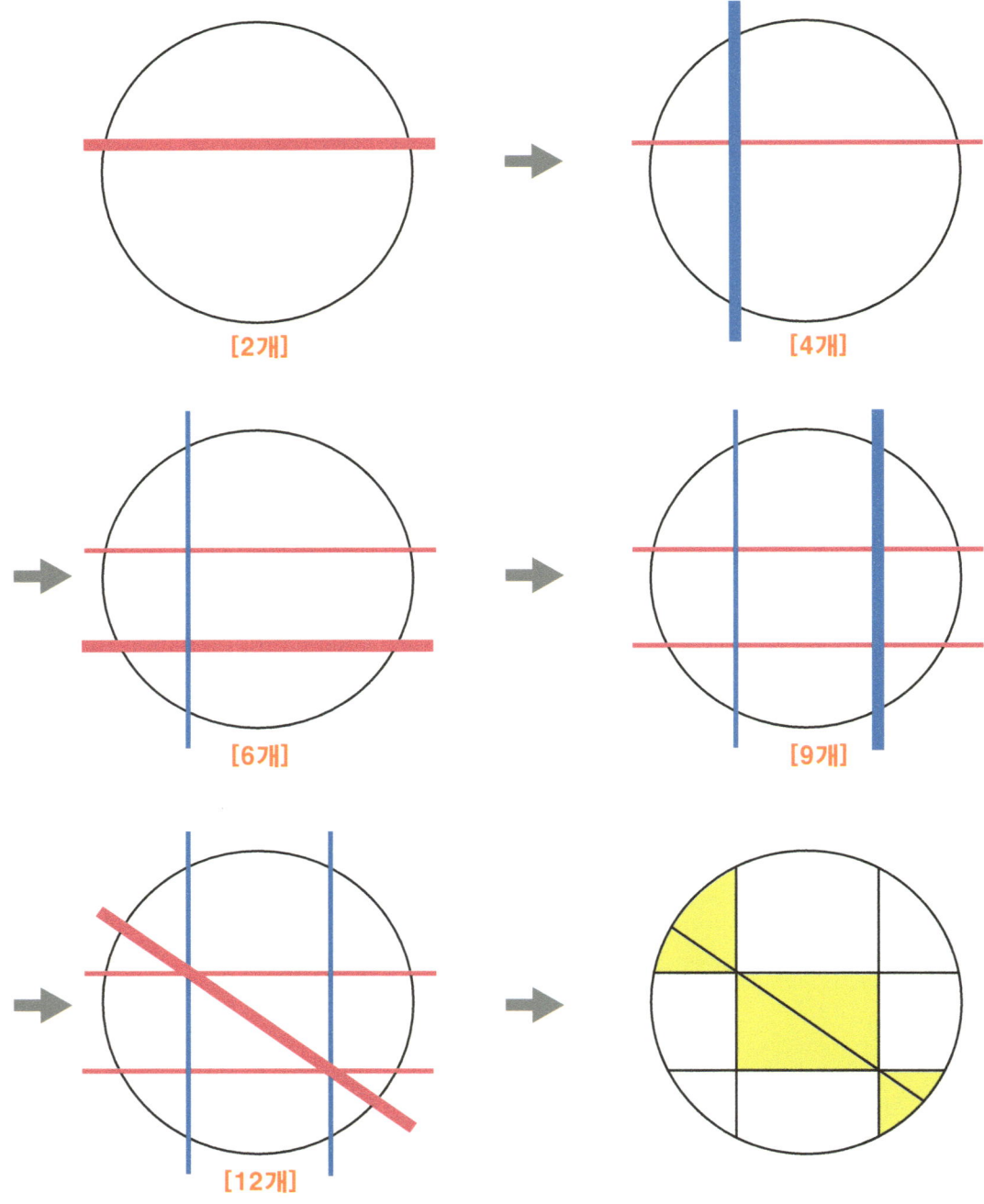

가운데 면 3개를 지나가는 선을 그으니 면 3개가
면 6개가 되어 순식간에 원이 12조각이 되었다.

동그라미 나누기

놀이진행 16조각으로 나누기

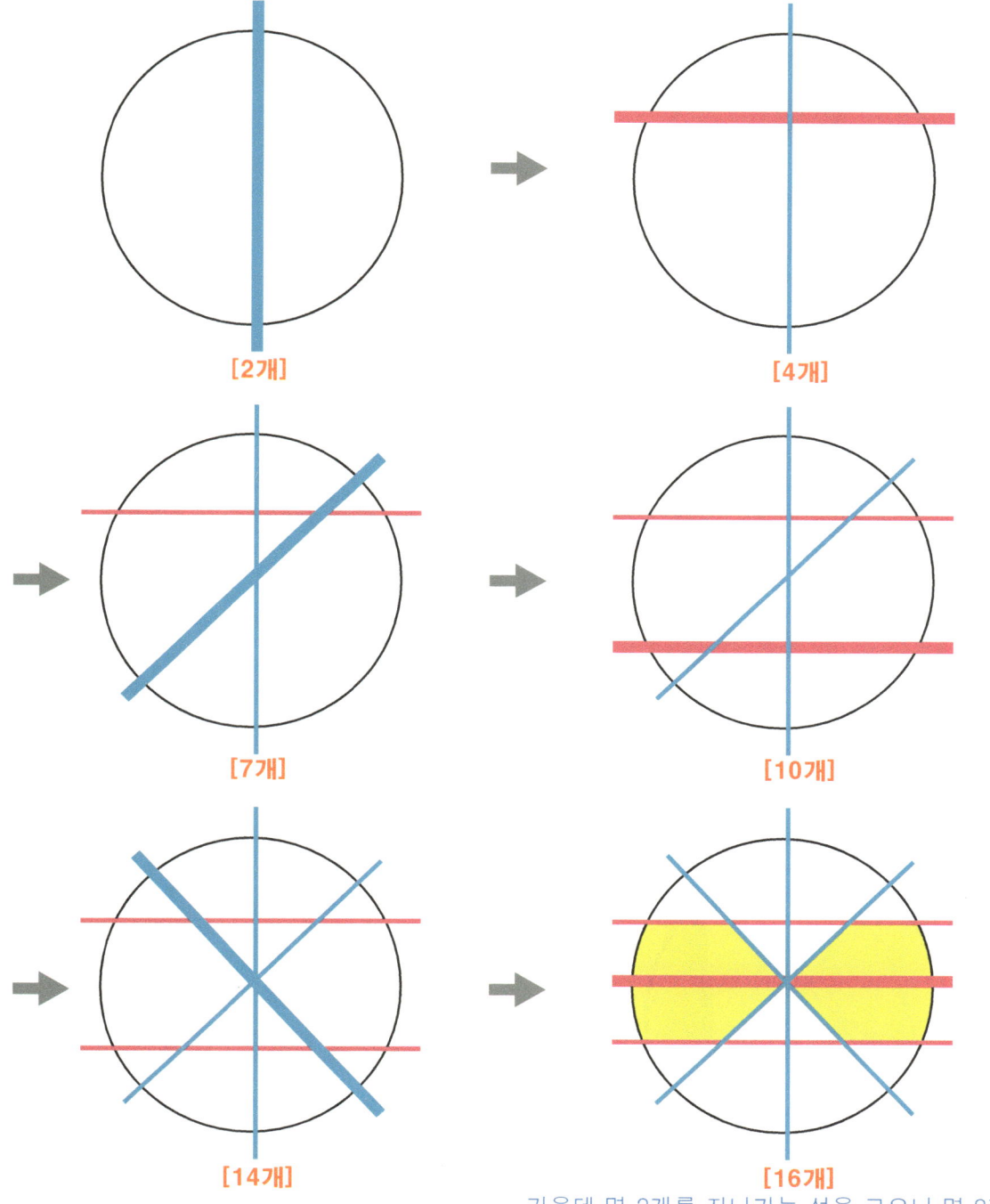

가운데 면 2개를 지나가는 선을 그으니 면 2개가 면 4개가 되어 원이 16조각이 되었다.

동그라미 나누기

놀이진행 20조각으로 나누기

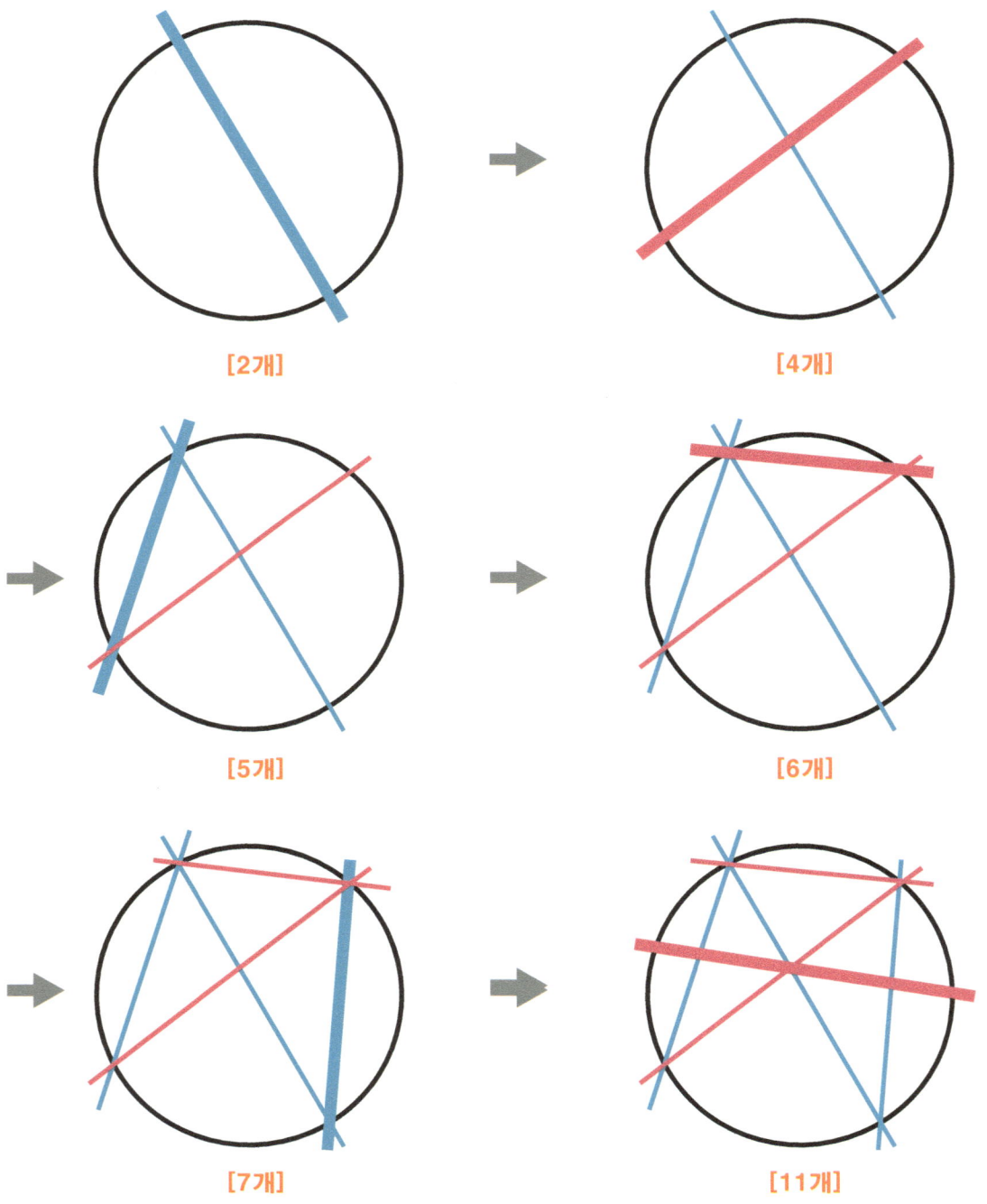

동그라미 나누기

놀이진행 20조각으로 나누기

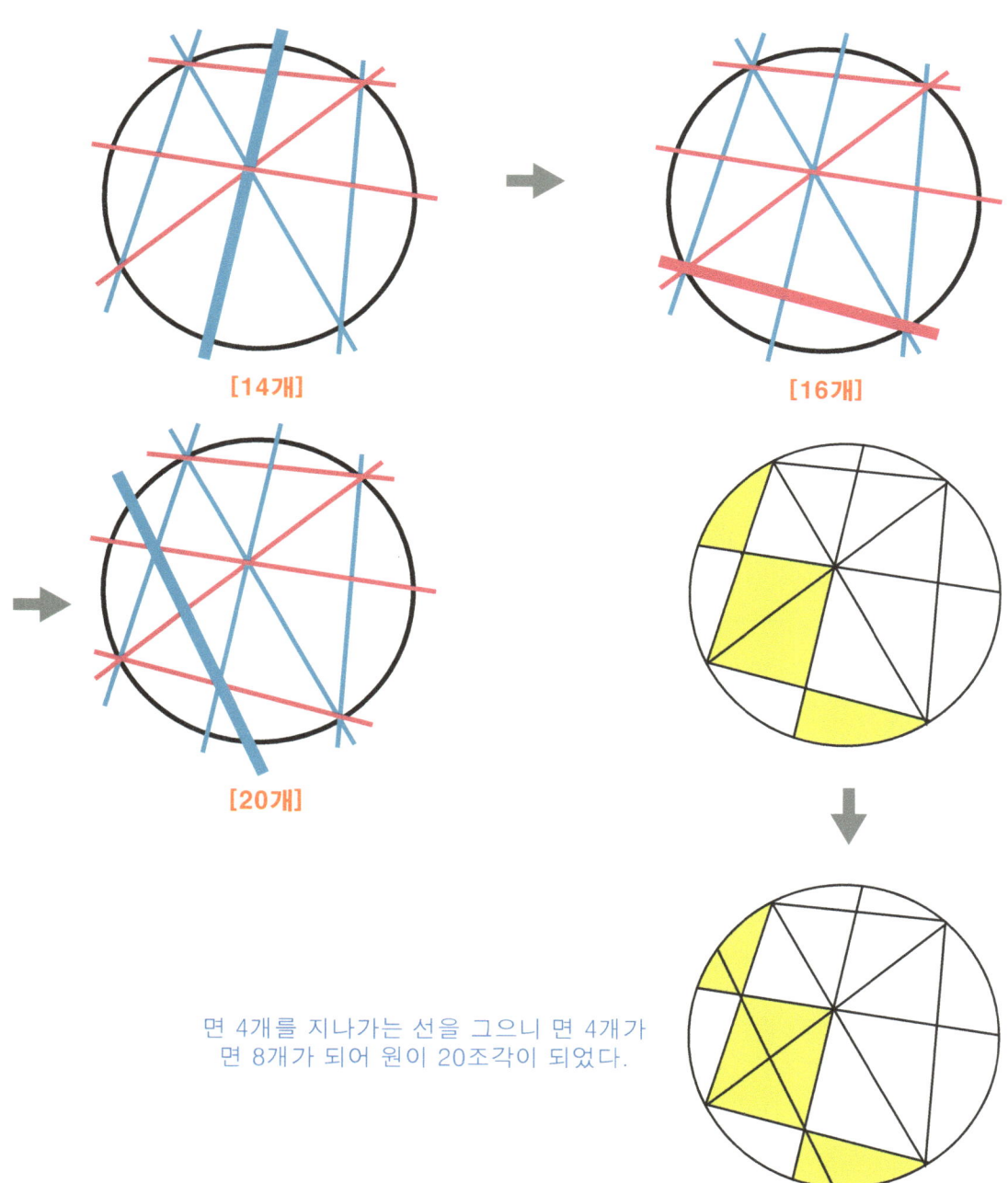

면 4개를 지나가는 선을 그으니 면 4개가 면 8개가 되어 원이 20조각이 되었다.

동그라미 나누기(13조각으로 나누기)

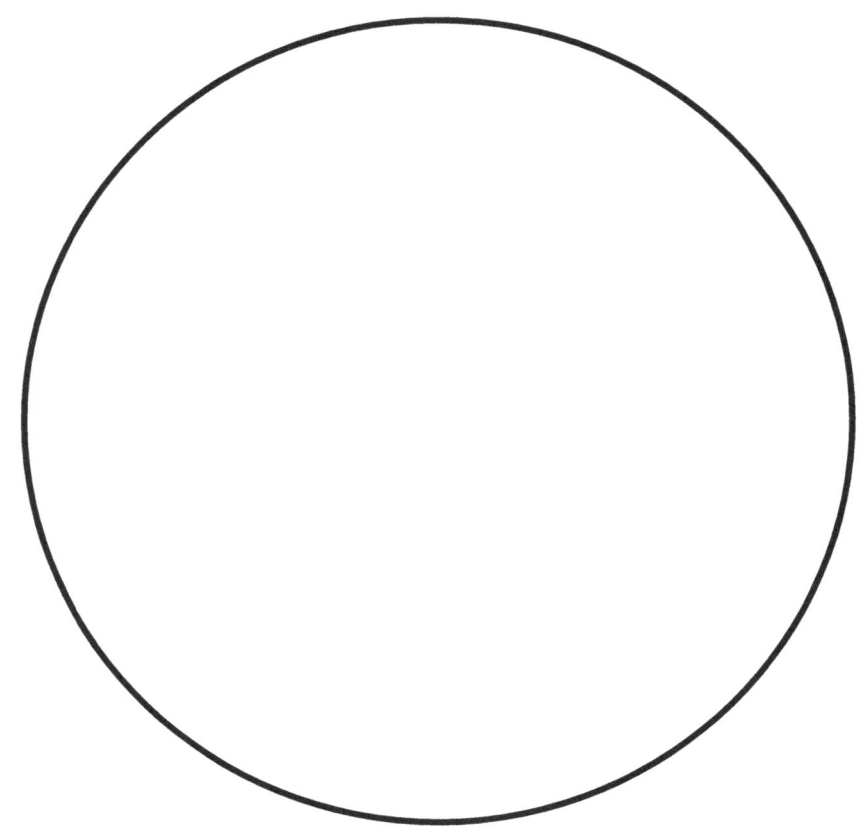

동그라미 나누기(15조각으로 나누기)

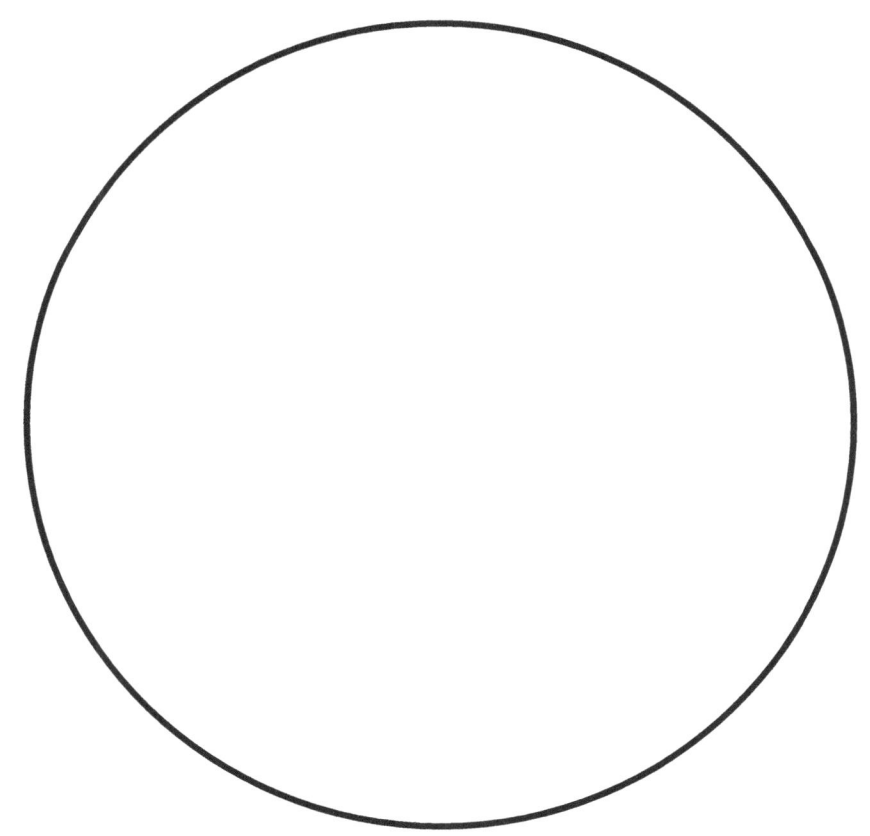

동그라미 나누기(18조각으로 나누기)

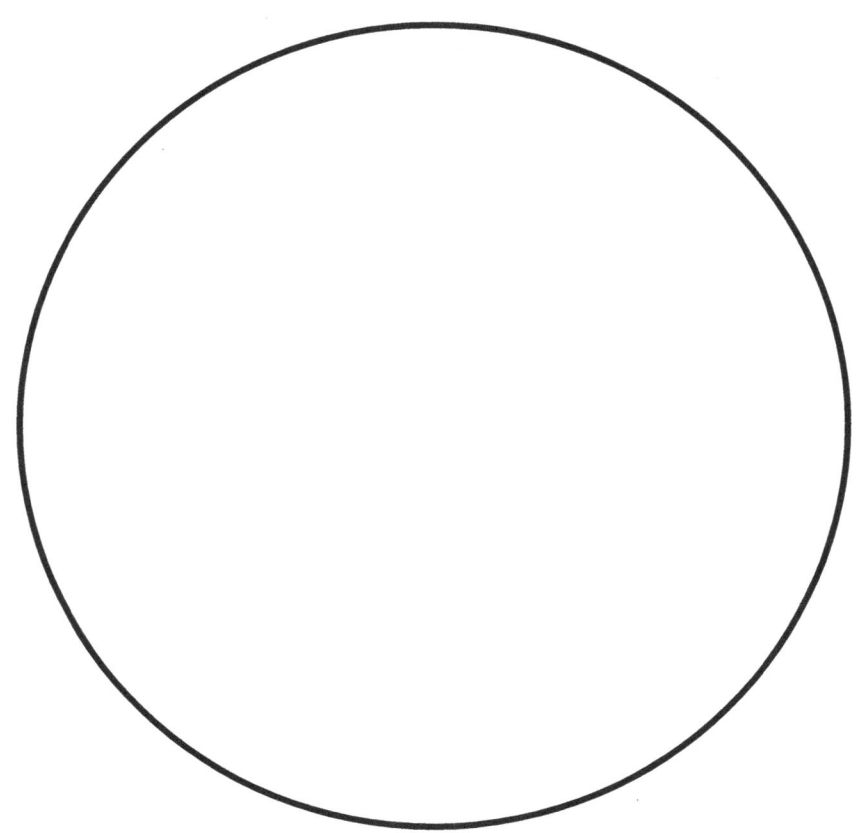

교차점 만들기

놀이목표

직선을 그어 제시된 개수의 교차점을 만드는 게임이다.

놀이방법

1. 번갈아가며 주어진 직선에 선을 추가하여 교차점을 만든다.

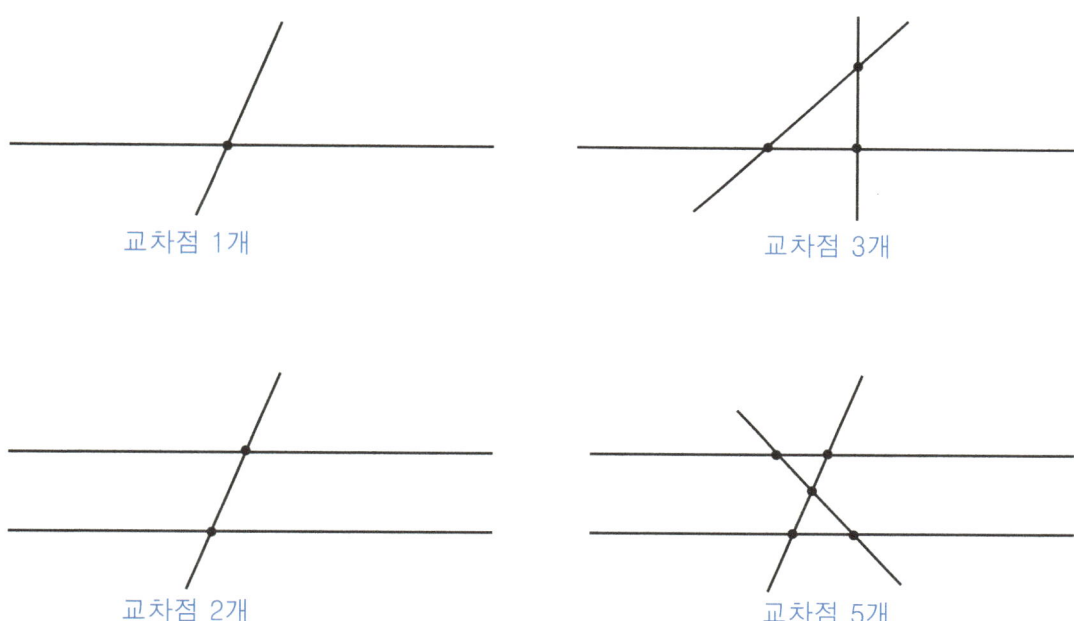

2. 주어진 개수의 교차점을 먼저 만들면 이기게 된다.

Tip

주어진 직선에 선을 그으면 교차점이 생긴다. 선 하나를 추가하면 기존에 있는 선과 교차하면서 교차점이 한 개에서 여러 개가 한 번에 생길 수 있기 때문에 전략을 잘 세워야 이길 수 있다.

교차점 만들기

놀이규칙

1. 선은 가급적 주어진 종이에 꽉 차도록 길게 긋는다.

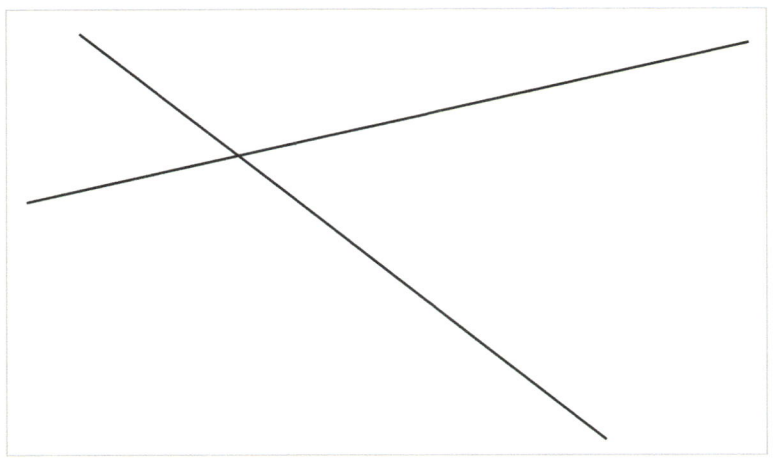

2. 선을 그어 교차점을 만들 때는 선이 연장되었을 때의 교차점도 고려해야 한다.

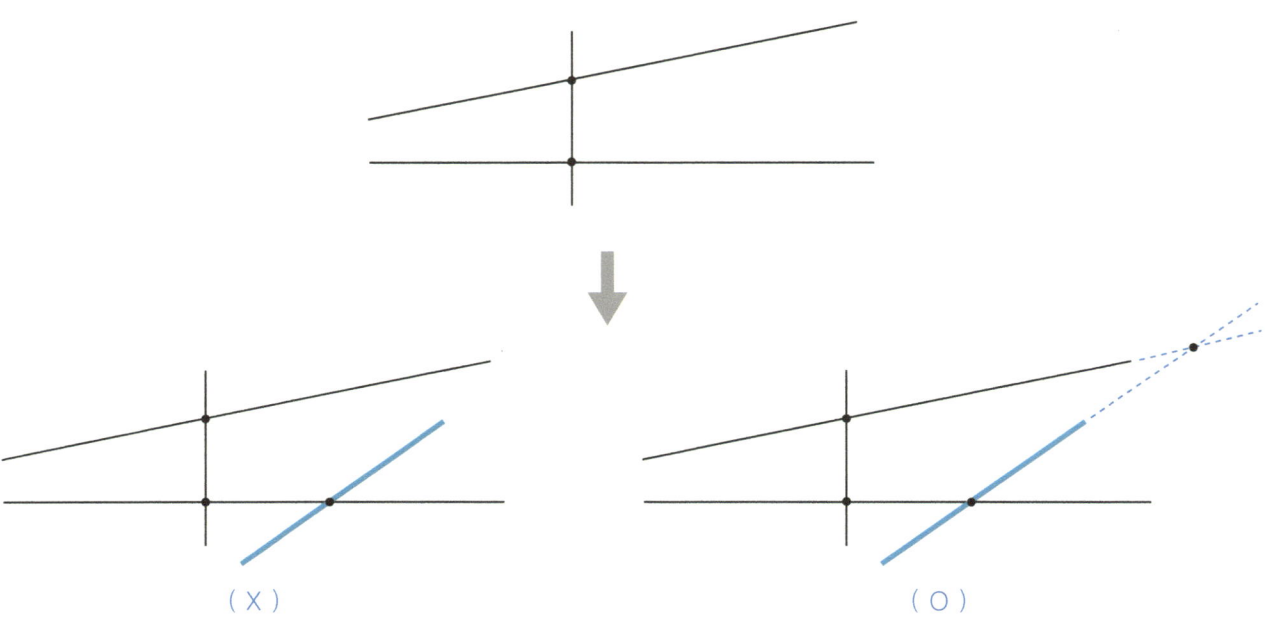

파란색 선을 추가해서 그었다면 교차점이 두개가 늘어나서 모두 4개의 교차점이 생긴다.

교차점 만들기

놀이진행 교차점 6개 만들기

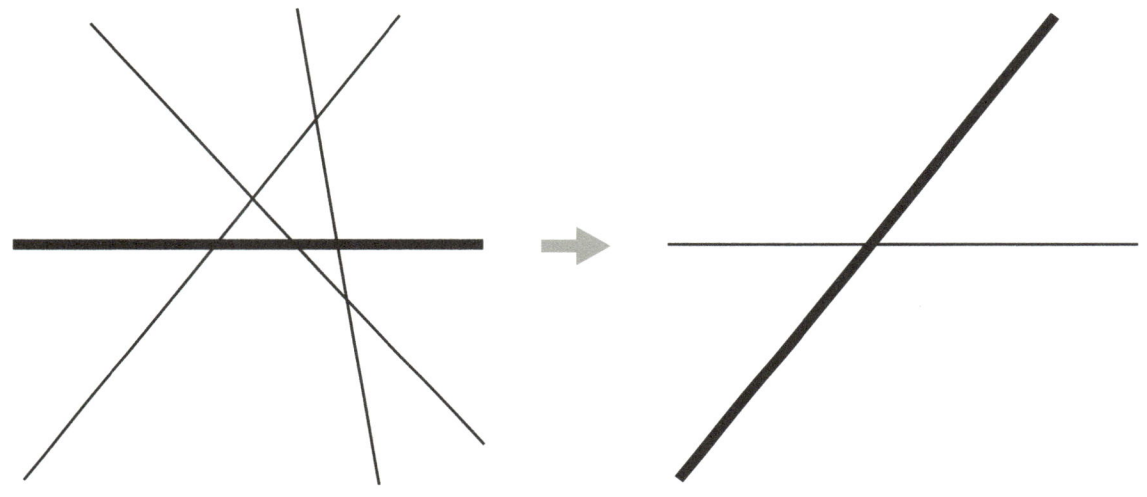

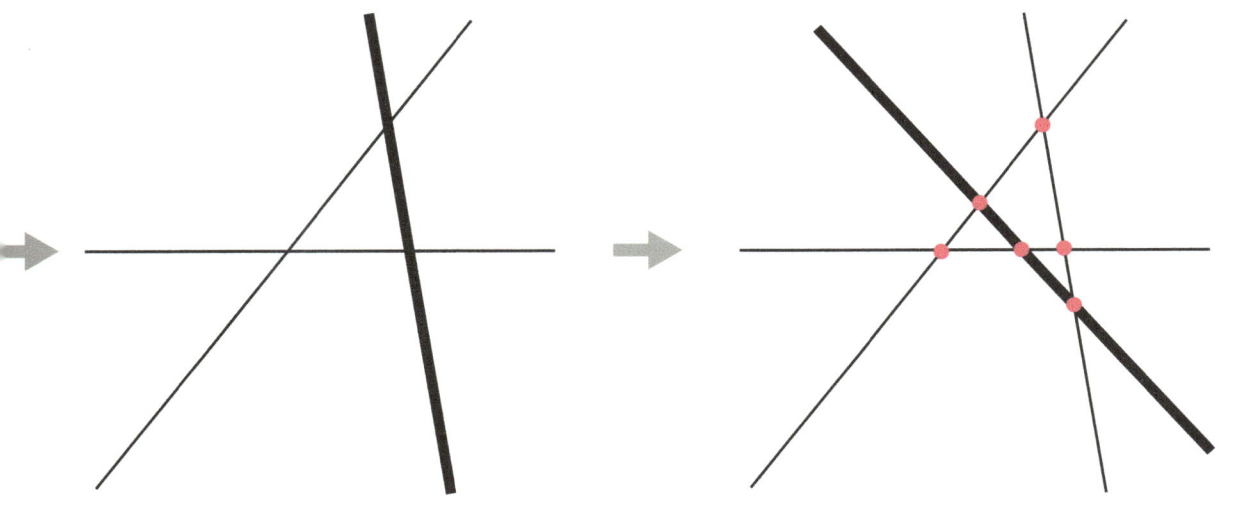

교차점이 모두 6개가 되어 게임이 끝났다.

교차점 만들기(7개)

교차점 만들기(9개)

교차점 만들기(11개)

아이와 함께
연필로 하는 수학 보드게임

차례 / 1권, 3권, 4권

차 례

줄 만들기

▶ 공 떨어뜨리기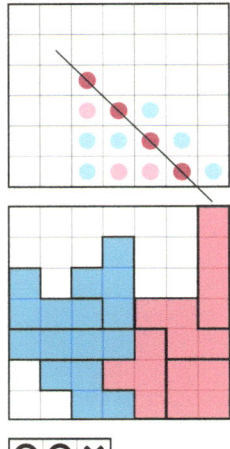

▶ 테트로미노 쌓기

▶ 틱택토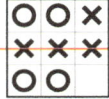

▶ 틱택토 안만들기

▶ 큰 틱택토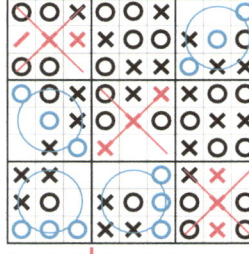

▶ 4줄 만들기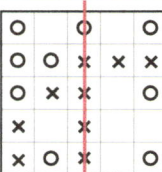

▶ 4줄 안만들기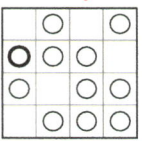

길 건너기

▶ 헥스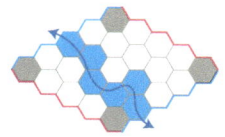

▶ 뜻밖의 함정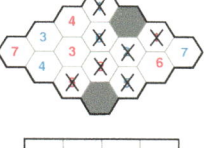

▶ 꼬불꼬불 미로 여행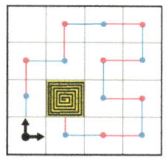

▶ 주전자에 무늬 그리기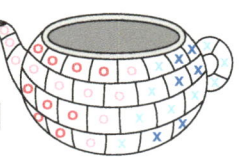

▶ 길 건너기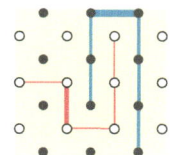

▶ 사선으로 길 건너기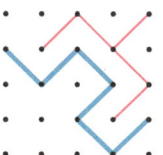

▶ 포도 네 송이

배치하기

▶ 사과 따 먹기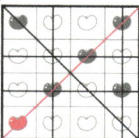

▶ 퀸즈 게임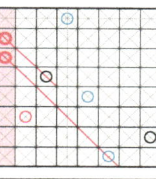

▶ 36명의 장교 게임

▶ 지뢰 제거하기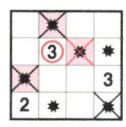

▶ 육각형 지뢰 제거하기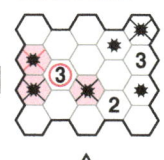

▶ 지뢰 만들기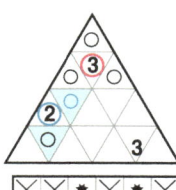

▶ 지뢰 설치하기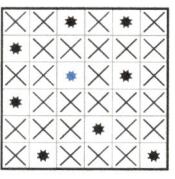

차 례
논리 놀이

▶ 말(나이트)의 이동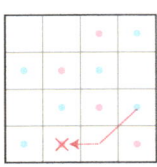

▶ 말의 이동과 틱택토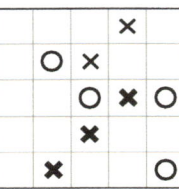

▶ 하늘의 별따기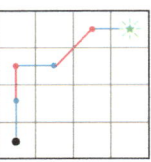

▶ 모두 X 만들기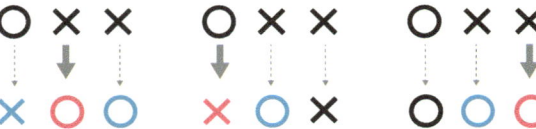

▶ 모두 X 만들기

▶ 4색 게임

수 놀이

▶ 15 만들기

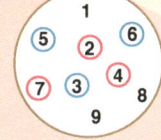

▶ 숨겨진 숫자 맞추기

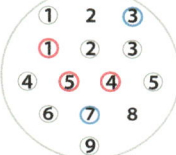

▶ 소수 찾기

▶ 10 만들기

▶ 세 수의 합

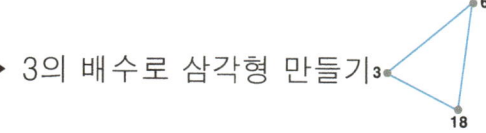

▶ 3의 배수로 삼각형 만들기

▶ 더해서 큰 수 만들기

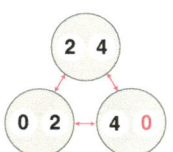

▶ 숫자 찾기

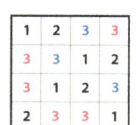

▶ 스도쿠 함정 만들기

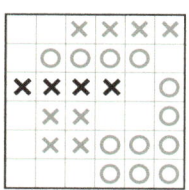

▶ 약수 놀이

도형 놀이

▶ 상자 만들기

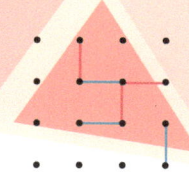

▶ 삼각형 상자 만들기

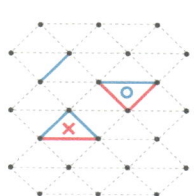

▶ 삼각형 만들기

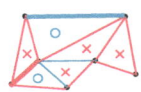

▶ 사각형 만들기

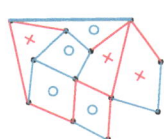

▶ 여러 가지 정사각형 만들기

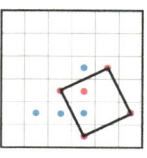

▶ 여러 가지 정사각형 안만들기

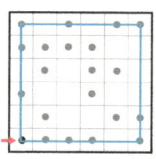

▶ 삼각형 그리기

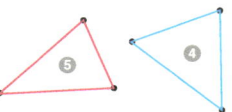

▶ 사각형 그리기

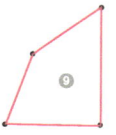 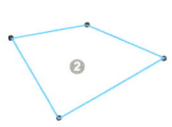

차 례 전략 놀이

▶ 오목 만들기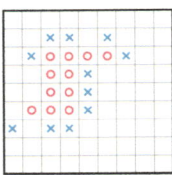

▶ 바둑 놀이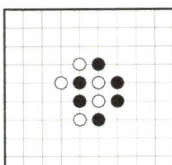

▶ 심 게임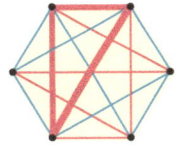

▶ 세포 분열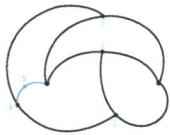

▶ 스피드 미로 찾기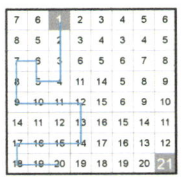

▶ 자동차 여행(길 만들기)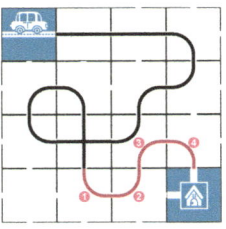

▶ 사다리 타기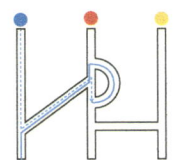

점 잇기

▶ 두 점 잇기

▶ 살금살금 점 잇기

▶ 세 점 잇기

▶ 십자 세점 잇기

▶ 막다른 길 만들기1

▶ 막다른 길 만들기2

▶ 좌충우돌 집찾기

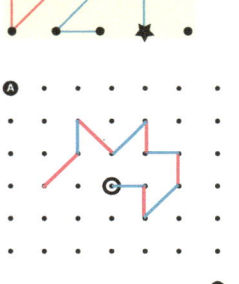

한글 게임

▶ 테트로라인 잇기

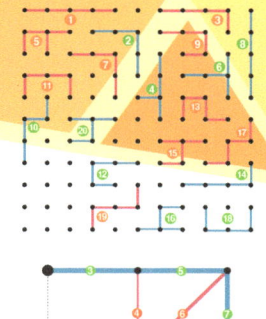

▶ 스위칭 게임

▶ 낱말 만들기

▶ 초성 놀이

▶ 끝말 잇기

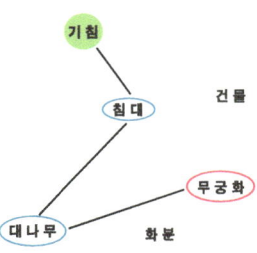

연필로 하는 수학 보드게임.2권

초판 발행일 : 2024년 8월 20일

지은이 : 한버공
펴낸 곳 : 청송문화사
　　　　　서울시 중구 수표로 2길 13
홈페이지 : www.kidzone.kr
전화 : 02-2279-5865
팩스 : 02-2279-5864
등록번호 : 2-2086 / 등록날짜 : 1995년 12월 14일

가격 : 22000원
잘못 인쇄된 책은 서점이나 본사에서 바꿔 드립니다.